中华先贤人物故事汇

伊尹

刘镁硒 著

中华书局

图书在版编目（CIP）数据

伊尹/刘镁硒著. —北京：中华书局，2021.7
（中华先贤人物故事汇）
ISBN 978-7-101-15059-9

Ⅰ.伊…　Ⅱ.刘…　Ⅲ.伊尹（商）-生平事迹　Ⅳ.K827＝23

中国版本图书馆 CIP 数据核字（2021）第 026249 号

书　　名	伊　尹
著　　者	刘镁硒
丛　书　名	中华先贤人物故事汇
责任编辑	董邦冠
出版发行	中华书局
	（北京市丰台区太平桥西里 38 号　100073）
	http://www.zhbc.com.cn
	E-mail：zhbc@zhbc.com.cn
印　　刷	北京瑞古冠中印刷厂
版　　次	2021 年 7 月北京第 1 版
	2021 年 7 月北京第 1 次印刷
规　　格	开本/787×1092 毫米　1/32
	印张 4　插页 2　字数 50 千字
印　　数	1-10000 册
国际书号	ISBN 978-7-101-15059-9
定　　价	20.00 元

出版说明

孔子周游列国，创立儒家学说；张骞出使西域，开辟丝绸之路；书圣王羲之，留下了曲水流觞的佳话；诗仙李白，写下了"举头望明月，低头思故乡"的名篇；王安石为纠正时弊，推行变法；李时珍广集博采，躬亲实践，编撰医药学名著《本草纲目》……

这些杰出的历史人物，有的是在中华民族文明进程中做出过突出贡献、对后世产生过巨大影响的思想家、政治家，有的是对中华优秀传统文化的传承传播发挥过重大作用的文学家、艺术家、科学家，有的是为国家安定统一、民族融合团结和中外文化交流做出过杰出贡献的军事家、外交家……他们为中华民族的繁荣发展做出了伟大的贡献，他们的行为事迹、风范品格为当世楷模，并垂范后世。

他们是中华民族的先贤人物。他们的思想、品德、事迹，是中华优秀传统文化的结晶。他们的故事，是对中华民族的禀赋、特点和气质最生动、最鲜活的阐释。他们的名字，在五千年中华文明史上最为光彩夺目。他们为五千年中华文明史书写了最为光辉灿烂的篇章。

为了解先贤，走近先贤，我们精心组织编写了这套《中华先贤人物故事汇》丛书。以详实可靠的史料为依据，以细腻动人的故事为载体，真实地呈现中华先贤人物的事迹、品格和精神风貌，彰显他们的贡献和功绩，以激发人们对国家民族的热爱，对中华文明、中华优秀传统文化的崇敬。

开卷有益，期待这套丛书成为你的良师益友。

目 录

导 读

　　伊尹，名"挚"，尊号"阿衡"。"伊"源于其祖先的居住地伊水。他的本名为"挚"，"尹"并不是他的名字，而是官位，是辅佐商汤时被授予的官职。

　　伊尹是上古时代非常具有人格魅力的先贤。相传他出生时，一场洪水正席卷他的部族，母亲把他生在伊水边一棵空心的桑树中，被有莘国的浣衣女发现，并抚养长大。后来他以有莘公主随嫁臣仆的身份入商，官至右相，辅佐商汤打败了夏桀，开创了一个伟大的朝代。他一生共辅佐过五代商王，建立了无数功业。

　　伊尹深谙治国方略，精通天文历法、医药卜

筮、军事兵法。在先秦的古史与传说中，最为后人津津乐道的，是伊尹精通庖厨、善调五味的故事。很多文献都讲到伊尹之所以能够获得商汤的青睐，是因为他以"滋味"说汤，既能做出美味的汤羹，又能以五味调和的理论作比，向商汤讲述治国的方略。但伊尹的身份并非只是"中华厨祖"那么简单。《逸周书·王会》中保存着署名伊尹的《四方献令》，据这篇文献记载，伊尹为了缓解商朝属国沉重的岁贡，提出让这些小国以当地的出产作为岁赋，从中可以见出他对于方国所处位置及其物候了如指掌。《吕氏春秋·本味》中也保存着伊尹对商汤细说天下美味的文字，如此看来，伊尹也是中国最早的经济学家、地理学家和博物学家。

伊尹能够名垂青史，最大的功绩在于辅佐商汤消灭了夏朝的暴君桀，并凭借着出色的政治才华，从国家的政治架构、军事布防、农业生产、文化建设等方方面面提出了许多开创性的建议。伊尹的一些事迹、言论保存在古文献当中，今天依然能给人们以启迪。

初入夏宫

公元前2070年至公元前1600年前后，是古代中国第一个朝代夏的统治时期。夏的第十七位君主姒（sì）履癸暴虐而自负，这是一位以太阳自居的君王，他的暴政让东方各族苦不堪言，天下陷入一片黑暗之中。

1

这一年冬天，年仅十岁的伊挚跟随有莘国君来到夏都，为夏王献上这年的岁贡。

伊挚长得瘦弱而清秀，他虽然年龄不大，眼神里却闪着聪颖的光芒。他站在有莘国君身后，等着夏王的召见。

东方诸侯大多为夏朝先祖大禹的后代，与姒履癸都是兄弟，可姒履癸一味贪图城池的华美，个人的享乐，早已把先王的叮嘱、兄弟的情谊抛到脑后。

国内的生产，早已填不上他欲望的沟壑，靠着强大的九夷之师（夏东方属国的精锐部队）以及忠心的死士，姒履癸对东方各国不停地威逼和恐吓，向他们索要更多的财富。虽然各国的不满逐渐积聚，但没有哪一个部族拥有可以与夏王匹敌的力量。小的部族眼看着自己国力衰微，或被稍大一点的部族吞并，或被失去耐心的姒履癸灭国。稍有实力的部族也不敢造次，只能缩减国内的用度，尽量去满足胃口越来越大的夏王。

这年冬天，姒履癸刚刚打了一场大胜仗。他的自信与骄纵前所未有地膨胀起来，酒尊从早到晚片刻不停地被斟满，美味珍馐已经让他的味觉麻木，对东方要求的岁贡，则再一次变本加厉了。

有莘国君等在宫城门外，汗珠大颗大颗地滚落。

"主上，可是担心……"伊挚低声问道。

"正是，今年收成不好，咱们的岁贡远远没有达到夏王的标准，如果他诘问起来，我实在不知要如何应对。"

"主上莫怕，前些时日，让主上寻找的东西，可已有着落？"

"找到了，只是数量不多，此番也都装车带来了。"

"那就好，主上放心，小子自有办法。"

"哦？你有什么办法？"话音未落，殿内小吏已经到了，宣有莘国君觐见。

这是伊挚第一次进入长夜宫。

小吏引着有莘国君和伊挚从南面门廊的穿堂进入宫城。中央为正门，只有夏王能够出入。东西两侧各有四个开间，开有侧门，供官吏与宫人进出。

从侧门进入，大殿正在眼前。大殿四周是回廊，回廊东西、南北的距离大体相同。除了西廊为单面之外，其他三面都是双面回廊。往来的宫人在回廊之中匆忙却又静默地穿梭着。殿前的庭院中

伊挚和有莘国君正在商量，殿内小吏来宣有莘国君觐见。

栽种了桑树，那是姒履癸将自己比作永远不会坠落的太阳的象征。

"长夜宫的华丽，果然名不虚传。"伊挚心中想着，随有莘国君快步走向正殿。

正殿坐北朝南，下方有厚厚的夯土，将宫殿抬得高于地面。伊挚心中不禁发出了惊叹。在此之前，他从未见过气势如此雄伟、结构如此严整的殿宇。从外面看，整个宫殿高大恢弘，屋顶为四坡顶、两重檐的"四阿重屋"式样，即在四坡屋顶的檐下，再加上保护夯土台基的防雨坡檐，气度威严，崇高庄重。

步行百余步，登上缓阶，即可进入大殿。大殿内有十根木柱，都是百年以上树龄的良材，在阳光的照射下，像是披上了一层棕红的光晕。柱子高高地撑起屋顶，伊挚抬起头，只见梁、檩、椽、柱经纬纵横，倔傀云起。横架的房梁，高悬的曲拱，高高地支撑起殿顶，好像彩虹横贯天空。所有长短梁柱，都涂上丹赭，鳞次栉比，向中央聚集升高。在中央的顶端，乃是画工绘制的中宫三垣。三垣内的星宿，都用金色勾画。天枢星在正中，象征帝王。紧紧围绕着天枢，从里到外三层分别是紫微垣、太微垣、天市垣。

"虽说此代的夏王暴虐无度，但夏的历法仍旧是领先于东方诸国的，如果有机会能够进入夏宫的秘府，未尝不是一件好事。"伊挚在心中暗暗地想。

大殿四周，二十八宿分为四组，在东、南、西、北四个方位排布，象征着四时。东方代表春天，其色为青，星象为苍龙。南方代表夏天，其色为朱，星象为朱雀。西方代表秋天，其色为白，星象为白虎。北方代表冬天，其色为玄，星象为玄武。

短柱上饰着水藻，木橼上也雕刻着蛟龙。各种各样的飞禽走兽，依据不同的木形，展示出各种不同的姿态。有奔驰的猛虎，它身上的花纹清晰可见。有腾飞的虬龙，身体盘旋曲伸，好似活的一般。有展翅的朱鸟，有振翅的飞廉……一时间，伊挚只觉得目力已不为自己支配，心中暗暗赞叹。恍惚之间，那屋顶的星宿似乎随着北斗璇玑转动起来，历史在殿中轰鸣，竟然有种沉醉其中的感觉。

一阵微风吹过，大殿外屋檐下的铜铃响起，

叮叮咚咚，在这宽阔的大殿中，发出了清脆的声响。伊挚心中一惊，才将思绪拉了回来。

"宫殿雕饰已经如此奢靡，自不必说夏王的饮食起居。难怪东方诸国已经被他盘剥得喘不过气来。"想到这里，伊挚攥紧了拳头。

2

"莘君，东方各国的岁贡中，数你们进献的最少，你可知罪？"姒履癸的声音像是一阵寒风，在大殿里刮过。

只见他身材高大魁梧，黑发虬髯，目光寒烱，身着黑色衣服，面色微微发青。

"臣知罪。都是今年收成不好，所以……"

"住嘴！休要怪天！你可是忘记了大不敬的有施国的下场了？"

有莘国君面色发青，颤抖地说道："臣不敢。"大殿之外又刮起一阵大风，坠在屋檐下的风铃叮咚作响，在这大殿之中听来，每一声都动人心魄，让人不禁战栗。

"王息怒。有莘的岁贡数量虽少, 却如同王的尊贵一样, 极为难得。"伊挚向前一步, 跪下说道。

"这个小孩从哪跑进来的? 来人啊……"

"小臣名挚, 忝居有莘庖人之职, 识得鸟兽虫鱼, 略通药理, 掌邦国内外的六畜、六兽、六禽。会一些烹饪的手艺, 懂一点养生之道。能够在祭祀中让祖先们接受到珍贵不易得的食物供奉。也能让王和王后、王子们吃到世间稀有的美味, 让他们身体轻便, 如同初生。"

听到最后一句, 姒履癸的身体微微一震, 口气稍微缓和下来。他哼了一声, 说道:"一个黄毛小子, 竟然说自己如此精通饮食医药, 还掌了庖人这样的职位。我且问你, 世间美味有多少种?"

伊挚道:"世间美味, 数不胜数。"

"说与我听。"

"肉类中非常珍稀难得一见的美味, 有猩猩的嘴唇、貛鸟的脚掌、鷰(yàn)鸟的臀尾、述荡的足、牦牛和大象的肉脂。

"在鱼类中, 就最难得的当然是产自洞庭的鳣

（zhuān）鱼鱼籽，以及一种背上满是纹理的鱼，这种鱼出自苍梧的醴水，有六条腿。还有一种叫鳐的鱼，生活在西极的灌（guàn）水之中，它们的样子就像鲤鱼，却有一双翅膀，经常在夜间从西海飞到东海。

"说到蔬菜中的美味，自然少不了昆仑山蘋藻和寿木的果实，为什么叫它寿木呢，因为据说吃了它枝叶的人可以长生不老。在指姑东边的中容国，吃了赤木、玄木叶子的人能够羽化升仙。在馀瞀（mào）南边天下最南极的悬崖上，有一种叫作嘉树的菜，颜色碧绿，吃下去之后人会变得非常聪明。华阳山的芳菜、云梦泽的水芹、具区泊的菁芜、浸渊的土英……这些都是极为鲜美的蔬菜。

"主食好吃的，当数玄山出产的禾、不周山出产的粟、阳山出产的穄（jì）和南海出产的秬（jù）。

"烹煮用的水也非常重要，三危山脚下的露水、昆仑山上或是沮江旁流淌的泉水，煮出来的食物的味道，要远比一般的水煮出来的食物的味道鲜美。

"水果中的美味,有沙棠树的果子。在常山北边的投渊之上,有很多叫不出名字的果子,据说是仙人们经常食用的。在青鸟生活的箕山东边有美味的甘楂,可与之媲美的还有江浦的橘子、云梦的柚子。

"天下四方的美味真是不胜枚举,只有贵为天子,驱策着迅如疾风的良驹,乘驾着乘风破浪的青龙,才能将这些珍馐一一纳入囊中啊!"

姒履癸哈哈大笑:"你说的这些,倒是新鲜。那我问你,既然世间美味如此众多,为何你有莘国却只送来了这么几车贡物?"

"这供奉之中,分为庶羞与好羞。"

"何为庶羞,何为好羞?"

"把那些牲畜、禽兽的肉,炮制好后晒干储存,让王能够一年四季都吃到想要吃的口味,这样的食物叫庶羞。而那些只有在极为短暂的时令中才可食用的新鲜食材,现取现做的美味,如产自荆州的鲢鱼、产自青州的蟹胥,这些叫做好羞。给君主贡奉好羞的,物虽不多,但拳拳之心,天地可鉴。"

"哼，说得头头是道，还狂言你们有莘今年给我准备的乃是珍稀之物，到底准备的是什么？"

"鲜羽羹。"

"鲜羽羹？鲜羽羹是什么？"

"王能否传执贡的亨人，将我邦的贡奉呈上。"姒履癸向身旁的宫人点点头。

不多时，两乘木车被驭人拉进大殿。

"王请移步。"伊挚将两架车上覆盖的厚厚的草席掀开，只见一架车上有一个大木桶，桶中冰冻着许多条肉质肥厚的大鱼，另外一架车上，却是一个大大的铁笼。

待姒履癸走到车前，伊挚说道："这铁笼中是即将启程北归的大雁，它们冬去春来，南北迁徙，吃到的是不同地方的食物，因此肉质比普通的鸟类更加甘美。这冰桶里面的鱼，是北方极寒之地所产，要用铁锤破冰三尺，找到活水，投下鱼饵，才可以用网捕获它们。活鱼出水后置于桶中，取冰水泼它，让它速冻，鱼的鲜美被存封起来，解冻后的口感如同活鱼一般。"

"我还以为你把天下的美味都找来了，原来

就几只大雁和几条冻鱼。"

"王有所不知，这鲜羽羹，取的都是四时的时令美物，况且美味再多，如果不懂调和五味，对身体贻害无穷。王是否最近总觉得身体困倦，食欲不振，胃脘隐痛？"

"正是！你如何知道？"

"那王此前是否曾大怒？"

"不错。"

"如果我有莘的贡品，能解王身体的病痛，敢问是否能够将功折罪？"

"倘若真能让我体舒气顺，不但不罚，还会重赏。但若是你信口雌黄……"

"请王借庖厨一用。"

伊挚的泰然自若，倒让这个从来不把属国放在眼里的姒履癸减了几分轻蔑之心。

"好！我倒要看看，你这个小子，到底有多大能耐！今日不仅让我开眼，也要让我这宫里的人开开眼界！来人，把火厨之具悉数搬到大堂，还有，把我未来的王后妹（Mò）喜也请来，想必她来了之后也甚觉无聊，就让这小子给咱们解解闷儿吧。"

不多时，百官都聚到了大堂当中。一个怯生生的美丽少女被宫人领来，站到了姒履癸身旁。

"想必这位姑娘，就是此次王攻伐有施的战利品吧。"伊挚看了看她，便带领亨人开始制作鲜羽羹。不多时，大堂内香气满盈。

伊挚查看了一下鼎中的食物，向姒履癸行礼道："可否请王宣食医，帮小臣备以下几味药材？"

姒履癸的脸色较之方才已经大为缓和，他即刻传令，药材很快就由食医送至。伊挚将药材悉数投入鼎中，大火烹制一个时辰后，终于完成。

此时的香气与加入药材之前又有所不同。方才姒履癸只觉得鼎内鲜香，而此时，他竟觉得腹中空空，饥肠辘辘，迫不及待地想要尝一尝美味了。

伊挚将汤羹盛好，捧给姒履癸，姒履癸先小口啜，继而三两口就把碗中的美味吃光。伊挚连忙再盛一碗。等到四五碗下肚，姒履癸觉得脏腑之中升起一股暖流，胃脘的胀痛缓解了许多，身体感觉熨帖轻松。

姒履癸非常高兴，让宫人就势铺筵设席，将鼎中剩下的汤羹分给群臣。

伊挚将汤羹盛好，捧给姒履癸。

"哈哈哈哈，莘君，你今年的岁贡真是用心，快坐下，跟他们一起品尝品尝这道美味吧！"姒履癸又对伊挚说："想不到你这个小子，竟然有这样的神功。这汤羹不仅好吃，还能够让我的身体如此舒适。与我说说，我这身体，是得了什么病？"

"肝属木，心属火，脾属土，肺属金，肾属水。木生火，火生土，土生金，金生水，水生木。木胜土，土胜水，水胜火，火胜金，金胜木。五脏相生相胜也是这样。王坐拥天下，每天的山珍海味自然是不少，王身强气盛，又喜欢饮酒，再加上突发的暴怒，让肝气横逆，进一步侵犯脾胃，因此才会有现在的症状。"

"此症应如何解？"

"要先让肝气舒畅，调和脾胃，缓解滞胀。今天小臣炮制的这道鲜羽羹，味道甘甜，养胃健脾，药性柔和，养护肝脏，所用的药材以及药量，是从古方中习得。柴胡、枳实、白芍、甘草这四味药材，可以调理身体的气血，柔舒肝脏。香附这味药材可以让体内的真气自然地循行，而贯芎（xiōng）能够解除淤堵，让身体畅通。我又加了一些青皮和陈皮，来强化健胃健脾的功效，使您胃脘胀闷的症状得到缓解。这个方子，大王连续服用五服，即可痊愈。小臣再为您搓制足够的丸剂，您只要按时服用，这个病以后都不会再犯了。"

"甚好！甚好！甚好！以后每年岁末，你都要随莘君来，帮我处理四海的贡物，调制汤羹。我言出必行，论功行赏，挚，你说，你想要什么赏赐？"

"谢王抬爱。小子无才，只求入宫之时，能够进入秘府阅览典籍，也好增长见识，为王效力。"

"准了！"姒履癸放声大笑，那笑声震得杯盏都有了回音，震得殿内的百官心胆俱颤。

3

姒履癸服用了鲜羽羹，胃口大开，召来乐工，摆上美酒，宴请百官。伊挚只觉无趣，见夏王已醉得目光流散，就走出了大殿，坐在一棵桑树下，仰头观望星空。此时北斗星的勺柄指向建子，银河从西南向东北铺洒而去，在南方中天的是奎宿、娄宿和胃宿。

奎宿由十六颗星组成，将它们依次勾连起来，就像是一张边线不齐的鞋底。"可先人却将它看成一只大猪。"伊挚微微一笑，"先人们通过对奎宿的观察来预判何时会有水患。"

奎宿的东南是娄宿，由三颗非常明亮的星星组成一个三角形，像一个大顶盖，扣住了东南方向。伊挚口中默念："所以每年到了这个时候，天子就要从诸侯那里收受岁贡。"

娄宿的东北方是胃宿，由三颗星星组成一个小三角形，就像一只仓廪的盖子。

奎、娄、胃三宿之北，银河之南，是一组由十一颗星组成的天大将军星官。中央的星星是大将，周围环绕的小星则是小吏和士。

奎、娄、胃三宿之南，是一片仓廪和牧场。首先是外屏，七颗星星一字排开，摆成一个曲折的一字形。外屏之东，是十三颗星组成的天囷，这是天上的大粮仓。娄宿和外屏的南面是由六颗星星组成的天仓，也是储存粮食所用。"圆为囷，方为仓。这一圆一方，乃是民之本，国之根啊！"伊挚想。

"仲冬时节，白天越来越短，阴阳二气相互争斗，世上的万物都处于动荡不安的状态之中。君子要清淡饮食，戒除欲念。可宫殿里面的那位天子，一直反天道而行，这黑暗何日才能散去？"伊挚心里想着，忽然听到身后有窸窸窣窣的声音。

"出来吧。"伊挚转过头，看向身后。

一个身影从桑树后闪出，伊挚定睛一看，原来是妹喜。

"挚先生……"妹喜说道。

"不必如此客气，咱们年龄差不多，叫我挚即可。"

"嗯。"妹喜低下头，双手不停地揉搓衣角。

"妹喜姑娘，你的族人将你作为求和的筹码，献给夏王，也是有他们的苦衷的。"

妹喜一听此话，眼泪扑簌簌地滚落下来。她心中的恼怒、羞辱、迷茫，在这幽深冷漠的夏宫中，是如此微不足道，但每一天都像一把利刃，不停地在她的心里搅动。她无人诉说。同来的婢女，怕她会逃跑或者自杀，牵连了自己在有施的族人，每天只会监视着她。王宫中的宫人们，不断议论着她的美貌，散布着妺履癸要立她为王后的消息，却因为她只是个战俘，从来不把她放在眼里。

"他们的苦衷，为何要让我来承受。我，我……"妹喜想到自己的遭遇，已然顾不得礼法，放声大哭。

"你知道，为何我在有莘，却姓伊吗？"伊挚从怀中掏出一方麻巾，递与妹喜。

"你……你不是有莘人？"妹喜接过麻巾，擦拭眼泪。

"姑娘真是冰雪聪明。"

"那你为何这么小的年纪，就在有莘供职？你的家人呢？"

"我的家人……都死去了，只剩我一个人。"伊挚的眼圈红了，"我给你讲讲我祖先的故事吧。"

我们伊族的始祖，乃是黄帝时期的大臣力牧。黄帝灭掉炎帝之后，统一天下。建国伊始，他急需寻找志同道合之士，辅佐他治理国家。

有一天晚上，他做了一个梦：在茫茫四海之中，有大风刮过，将天下的尘垢悉数涤净。还有一个人，手持千斤重的弓弩，驱赶着数万只羊。黄帝在梦中惊觉，感叹道："风是用来传递号令的，象征着执政的人。'垢'字去掉'土'字，则剩下一个'后'字。天下有没有叫风后的人呢？能够拿得动千斤弓弩的人，乃是天生神力之士，而能够驱使数万只羊的，可不就是能够很好地牧使人民的人吗？天下有没有这样的一个人，他叫作力牧呢？"黄帝派出人去，寻找风后和力牧。果然，派出的人在海隅找到了风后，在大泽找到了力牧。黄帝拜二人为相，开启了为后人津津乐道的治世。

黄帝死后，由他的孙子颛顼（Zhuān Xū）继承天下。颛顼传位给黄帝的曾孙帝喾（Kù），帝喾的儿子尧在帝喾死后接管了天下，尧没有将王位传于自己的子孙，而是禅让给舜，舜再把王位禅让给禹，禹开辟了有夏一朝。在漫长的五帝时代，力牧和他的后人一直保持着骁勇善战的本色，他们还精通医药卜筮与天文历算，为一代又一代的明君拱卫天下。到了夏朝，这个家族成为一方诸侯，在东方的伊水一带定居下来，以地名被赐"伊"氏。

夏朝到今天已有四百年。它频繁迁都，与

东方部落联姻结盟，之后夏朝又经历了夏启、太康的乱世，直到少康时期，国力恢复，与东方的诸侯重新建交，可惜，从孔甲开始，几代夏王忘记了差点亡国的教训，又开始祸国殃民。到了这代夏王，为满足自己的贪欲，频频对东方各部族发动战争。东方各邦国真的是苦不堪言。

我的父亲母亲，在这样严酷的局面中，一心想要保住子民的平安。我还在母亲腹中的时候，她做了一个这样的梦：

一位身披战甲、手持弓弩的老者，兀自站在那里。母亲走上前去，跪地惊呼道："力牧先祖！请受一拜。不知先人托梦于我，所为何事？是否我和夫君日常失礼，惹怒了祖先？还请恕罪。"力牧说道："孩儿平身。我这次来不是要责怪你们，而是要提示你一件大事。当你舂米时发现臼中流出水的时候，赶紧收拾了东西往东边走，越快越好，记住了，一直往东边走，千万不能回头。切记，切记。"

母亲将祖先的预示告知了父亲，父亲却交代，万一夏王真有一天领兵前来攻城略地，他是绝不会临阵退缩辱没先祖的，一定会带领将士们奋战到底。但是他希望母亲在危险来临的时候，能够替他保全腹中唯一的骨血，向有莘国去，因为那就是力牧先祖指明的方向。

灾难终于还是来了。在一个夏末，暴雨下了整整七天，伊水暴涨，为了防止伊水决口，我的父亲一早就带领将士去上游加固堤防。中午时分，母亲正在舂米，兵士匆忙跑进来，说："夫人，大事不好。夏王姒履癸领兵东袭，在上游与主上开战了！"

"啊？"母亲正要放下手中的杵臼，却发现臼中的汩汩流水已经快要溢出。她只觉得脑中"嗡"的一声，她想要去上游看看战事，她担心自己的夫君，孩儿的父亲，但是她又想起了先祖力牧的嘱托，想起了夫君的誓言。来不及再想其他，母亲抓起一个小包裹，那里面是早就给我准备好的降生礼，一枚祖先传下的刻有族徽的玉佩，一个缝有"挚"字的肚兜，还有祖先秘传的《神农本草经》，以及我伊族的史册。

母亲一边疾走，一边召唤路上碰到的宫人、邑人："大难将至，大难将至，想要活命的，赶紧跟我一起逃走啊！"可是城中的百姓却朝着相反的西方奔走。

"你们要去送死吗？快与我逃走！"母亲抓住一个邑人大声问道。

"夫人，主上平日待我们如同兄弟姐妹，让我们世代安居乐业于此，现在主上有难，我们不能做背信弃义之徒。西边战事吃紧，河口就要决堤，我们要去帮主上固城防，堵水患！夫人你快些逃走吧！休要管我们了！"

"我替我家主上谢谢诸位！"母亲含泪向西去的族人深深作揖，然后起身，擦干眼泪，快速地出城，沿着河道向东方奔走。她走啊走，大概走了十里路，再也支撑不住，大哭起来。"不要回头，切记，切记。"力牧先祖的话萦绕耳旁，可是身后是她热爱的故土，那里有她的族人，她的夫君，她过往的全部生活，她怎能不留恋！

"就让我看一眼吧！"母亲不顾先祖的警

训，回身遥望。

只见洪水茫茫，迎面而来，那水，可是离人汹涌的眼泪？母亲定睛细看，大水之中，满是尸骸。上游的堤防被夏王的兵士破坏了，迅猛的河水裹着牺牲将士的尸首迅速朝下游席卷而来。

"啊！"母亲悲恸欲绝，她顾不得一切，只能拼命向东方奔逃。不知道走了多远，忽然腹中如同刀绞一般，阵痛难忍。她心想大事不好，原本离产期还有一些时日，恐怕是动了胎气，孩儿要提前出世了。恰好河道边有一棵高大的空心桑树，她赶紧躲了进去。

随着几声啼哭，母亲在桑树中将我生了下来。劳累和惊吓，已经让母亲筋疲力尽，伤了元气，她用尽最后的力气，展开史册，用鲜血将这段历史书写了上去。

在水边浣洗的有莘国人听到了婴儿的哭声，把我带回，养在后厨。我经常溜进有莘藏储鼎与简册的秘府之中，学习天文和历法。后来又成为有莘国的庖人，常跟随在国君左右。

这就是我的全部过往。

妹喜听罢伊挚的身世，陷入沉思。

"挚，既然你如此精通药性，方才在大殿之上，为何不索性取他性命？"

伊挚微微一笑："夏王虽然为人自大暴虐，可他并非等闲之辈。从夏宫的建制就能看出，夏的历数算法水准远在各国之上，这里的国君，怎么能轻易就被投毒呢？即便我今天真的能杀了他，对我又有什么好处呢？"

"可报家族之恨。"

"没错，他趁我族抗击洪水之际，带兵灭我全族，确实该杀。可是他死了，这天下又将如何？你们有施，这次为何战败？"

"因为夏王有九夷之师的支持……挚先生，请允许我尊称您一声先生，我明白了。"

"妹喜姑娘，你的聪颖会帮助你在这夏宫之中牢牢立稳脚跟，也将是天下人未来的希望。无论你身处何处，永远都不能忘记自己的家族和祖先。"伊挚一字一句地说，"所以，请你理解你的族人。只有活着，才能等待。等待变化，等待时机，等待一位圣王，统一东方，将那自以为不落的暴虐太阳一箭射下，解救苍生。等待是这世界上最痛苦的事，但唯有耐心去等，才能重回祖先的怀抱。

4

这一等，就是十年。

从伊挚第一次来到仇人的宫殿，已经过去了十个春秋。

十年前，伊挚随有莘国君一起入夏宫贺岁，以一道"鲜羽羹"惊艳四座。自那之后，每年的岁祭，夏王都要宣伊挚入宫，处理邦畿内外的物贡，为他炮制各种美味。

这时的伊挚，已经是个目光坚毅的青年了。这年的岁末，他在夏宫住了下来。

"东方……"伊挚从长夜宫向东方眺望，只见苍茫的迷雾笼罩宫墙，覆盖四野，弥漫八荒。长夜宫高大巍峨，雕梁画柱，然而，这里的人们已经麻木。这吃人的辉煌，早就开始衰败。夏王麻木，百官麻木。可在伊挚的眼里，这恰恰预示着时机与生机。

"十年了。"伊挚望向院墙内的桑树,春去秋来,日月代谢,树木成材,可夏王朝已经千疮百孔。十年的等待,让伊挚的心更加沉着,没有人能够从他的表情中看出悲喜。漫长的等待没有磨灭他心中的火,反而把这把火烧得更旺了。

长夜宫内,不断传入耳中的,是夏王从各地召集来的乐工演奏的靡乱之音,是永远不空的酒池中喝醉的人的呓语,是刑室中被各种酷刑折磨的无辜的人的哀嚎。这不夜之城,是死亡,是迷瘾,是百姓留下的血泪,将这天下染得通红!

伊挚望向东方,那是商族城邑的方向。商人的祖先简狄,是有娀氏的公主,帝喾的次妃。传说她吞服了神鸟的蛋,生出了商人的第一代君王契。契辅佐夏禹治水有功,被封于商地,赐姓子。商族虽然是一个后起的族裔,但商人步步为营,通过与有易氏联姻,获取了北方肥美的土地。现在的首领子天乙是一个胸有远志、礼贤下士的君主。"商人饱受夏的折磨,据传天下有识之士都投向了子天乙,不知什么时候才能和此人见上一面,共商倒夏大计。"伊挚想。

"先生，女主请您一叙。"一个白面的小吏来报。

伊挚微微点头。小吏递上一件黑色的斗篷，俯身拱手："先生请随我这边来。"

伊挚将斗篷一披，戴上黑色帽子，随小吏从密道步入正殿旁的侧室之中。

"挚先生，别来无恙。"一位锦衣玉裘的女子，轻轻俯身。她正是夏王的王后妹喜。

"见过王后。"伊挚拱手作揖。

"先生请听。"妹喜将侧室的壁灯移开，从壁孔中传来正殿的阵阵交谈。

5

"东方诸国，还有没缴纳岁贡的吗？"姒履癸一边喝着酒，一边问道。

"九夷已缴……只是……"赵粱欲言又止。

"赦你无罪，说！"

"是，只是那商国，今年的岁贡十分敷衍。"

"商国？不就是一个小国吗？怎么有这么大的胆子！"

"这……主上您有所不知，自从子天乙继位，商国在东方呼声渐起，这民间还传布着好些妖言……"

"妖言？"姒履癸放下酒尊，站起身来，摇摇晃晃走到赵梁面前："我倒要听听，都有什么妖言！"

赵梁扑通跪倒在地，从喉咙里发出一声咕噜，叩头说道："臣，臣，臣罪该万死！请主上恕罪！"

姒履癸揪住赵梁的衣领，一把将他拎起来：

"恕你无罪，还不快说！想让我改变主意吗？"

"他们说……说……时日曷（hé）丧，灭夏必商。太阳什么时候才会坠落，消灭夏的一定是商。"赵梁此刻恨不得把自己的舌头吞进去。

"你再说一遍！大点声说！否则我定将你剐成一片一片去喂野狗！"

"是……时日曷丧，灭夏必商。"赵梁闭着眼睛，脸涨得通红，哑着嗓子吼了一句，然后四肢一软，颓然倒地，大颗大颗的汗珠连着串儿滚落下来。

姒履癸愣了一愣，随即大声狂笑起来："自不量力！自不量力！待我春天发兵，灭了商国，我看他们还敢不敢胡说!"

赵梁连滚带爬跟在姒履癸身后,说道:"主上威武!只是有一言,不知当讲不当讲。"

"嗯?"姒履癸怒目大张。

赵梁拂了拂满头的汗,说道:"子天乙近年来很会笼络人心,在东方各国中威望渐高。自商建国至子天乙,已迁都七次。七年前,子天乙出奇制胜,竟将葛国收入麾下,实力已经不能小觑。与其强攻折损兵力,不如智取。"

"智取?如何智取?"

"主上不如就等子天乙前来行岁祭之礼时,将其拿下,囚在钧台,商若失去了他们的国君,必定内乱,到时您再出兵,以平内乱为号令,连拿商、葛,主上认为如何?"

"哼,此等小儿的把戏,怎是大丈夫所为!我是承天命的君王,唯一有权力用《九歌》的国主,用这等伎俩,岂不被天下嘲笑!就算他商国再会打仗,还能撼动我们强大的军队吗!真是可笑至极!"

"主上恕罪!主上英明神武,威震九州!"赵粱的汗顺着额头大颗大颗地滚落。

"我觉得赵粱说的有道理。夫君不想当小人，那这个小人就我来当吧。"说话的人正是夏后妹喜，她将醉酒的姒履癸扶至卧榻，轻声道：

"夫君不要每天总是想着打打杀杀，这个冬季，把我闷坏了，正想着等到春暖破冰之时，让你陪我泛舟伊水，一路赏花呢。你要是去打仗了，谁来陪我！"

"夫人，我……"姒履癸像是变了一个人，眼中的怒气全都不见了。

"夫君，我知道，你不屑用那些卑劣的手段，你觉得大丈夫就要沙场相见，打个痛快。所以我说了，你不想担这个恶名，就叫我来担。等到子天乙来朝的时候，我随便找个理由，叫人把他绑了便是。其他的，就交给赵粱去办吧。"妹喜说完，暗自看了看侧室。

"好好好，夫人，都听你的，都听你的！哈哈哈！来来，你陪我喝个痛快！"

"赵粱，你还跪着干什么？赶紧退下吧！"妹喜故意提高了声音。

"是是，臣告退，告退。"赵粱不敢停留片刻，连滚带爬地退下了。

"来，夫君，赵粱那个奴才走了，我们来好好喝酒！"妹喜从袖中拽出一方绸纱，一下子将姒履癸的眼睛蒙了起来。与此同时，一道黑影从侧室闪出，迅速离开了长夜宫。

6

子天乙来夏都后，夏王找了个理由，果然把他关了起来。

这天，伊挚身披黑衣，手执元妃妹喜的通符进入夏台，来到关押子天乙的地牢。

子天乙一身白衣，坐在地上。伊挚走近牢门，轻声吟唱道：

天下四方，皆入吾网。

（天下四方，都是我的网中之物。）

欲左得左，欲右而右。

（它们在这网中想要向左、向右都能够随

心所欲。）

网开三面，德道至矣。

（因为我的这张网，原本就打开了三面，这是道德至上的力量。）

非为用命，乃入吾网。

（它们并不是因为畏惧我的权威才进入到网中的啊。）

子天乙听到歌声，站起身来。只见他身材高大，仪表堂堂，面色白皙，微有髭髯。他稍稍起身，声音悠扬："敢问这位高人怎么称呼，如何知道小子履（子天乙，又名履）邦中之歌？"

伊挚还礼道："在下名挚。方才所歌，已不只在商邑传唱，就连这夏城郊野的小儿，也能歌上几句呢。天乙君的仁德，天下人共知，挚一直无缘相见，今日得知天乙君来贡岁，却被夏王打入地牢，特来拜会。"

子天乙笑着说："先生倒是有趣之人，见我落难，非但没有躲得远远的，反而到这地牢之中相见。可见先生不是寻常人。"

"哪里哪里，挚不过区区有莘庖人，只因会做一些膳食，略懂医术，每年岁贡都被传召至夏宫为君主效命。"

"我想起来了！您就是那位善制鲜羽羹的挚先生啊！当年我随父王来夏宫，也有幸分得一杯羹，那个滋味，真是难忘！失敬失敬！先生今日前来，可是有什么指教？"

"指教不敢，先请天乙君赎罪，在这地牢之中，耳目众多，我不便显露身份，故无法露面，将来定会有一日，你我二人能够把酒共盏，共谋大业。"

"先生可是在说笑，别说共谋大业，只要能与先生在这牢狱之外喝喝酒，也是幸事。只是眼下……"

"天乙君莫急，挚此番前来，就是想给你个脱身之计。不过，在这之前，我有个问题想问，还请恕我无礼。"

"先生只管问吧。"

"好。挚想问天乙君，如何能看出一个国家的政治是否清明？"

子天乙稍作沉吟，说道："人依靠在水中的显影来观察自己的体态，一个国家，要靠体察民情，才能知道它的政治是否清明。"

伊挚行了一礼，道："天乙君真乃明君！民是立国之根本，君主为善爱民，方能德化天下。今日见到天乙君，知天下苍生有救，请受挚一拜。"

"先生言重了，小子履诚惶诚恐。不瞒先生，我有商被夏王欺压已久，族人早想揭竿而起，但这夏王有九夷之师，哪里是我们区区蚍蜉能够撼动的。今年收成不好，为这岁贡，全族上下已将余粮全部上缴，仍无法凑够这昏君索要的数额。本想今日与他好生理论，谁料到三言两语，就被投入大牢。商族已处于危险之中，我又怎么能够拯救天下呢？"

"夏王一向狂妄，贪得无厌，索取无度，这恰恰也是他的软肋。天乙君可写一封信，我派得力的小吏走一趟商邑，速将宫内最罕见的珍宝取来，以厚重的礼物贿赂夏王，他定会宣你问话。他关押你，并非因岁贡菲薄，而是他听说了这样的传言：时日曷丧，灭夏必商。因此，当他宣你问话之时，天乙君请忍一时之辱，装成贪生怕死、胸无大志之人。夏王傲慢自大，本来就没有把你放在眼里。如此一来，看在厚礼的份上，他定会将你释放。切记，一定要不吝将宫内所有稀世之宝全都拿来，方有活命的机会。"

"明白，小子履这就修书。先生恩德，小子无以为报，请受一拜！"

"天乙君不必多礼。如果我的眼光没错，你将把传言变为现实。到时不仅挚要谢你，天下方国与百姓也要谢你。与这种大恩大德相比，今天的事，不足挂齿！"

"先生口口声声说商能代夏，可是……小子履并不知要从何下手。不知先生可愿助我？"

"此处离商邑不近，我派快马日夜兼程，往返也要月余。天乙君被释之时，正当孟春，不妨在返都途中，看看这天下，看看那些困顿于水火之中的黎元。待你真想好了，去有莘国找我不迟。"

"谨记先生之命。"

子天乙写下书信，并从怀中掏出一柄玉圭作为信物。伊挚悉数接过，他不敢久留，快速离开了夏台。

滋味说汤

1

孟春之际，子天乙自夏台回商邑。一路上，他特意嘱咐车队慢行，细细留心。自西而东，自南而北，所过之处，真的像是恩公伊挚说的那样，田野荒芜，蔓草凄凄，牛羊羸弱，鸡犬无声，街市冷清，饿殍遍地。

"时日曷丧，灭夏必商。"子天乙耳中一直回荡着伊挚的话。

"可是，要怎样才能灭夏呢？"子天乙心中思忖，毫无头绪，"莫不如……"一个想法浮上了心头，他连忙大喝道："彭子，停车！"

"主上有何吩咐？"御夫彭子吁马挥旗，车队停下。

"不回商邑，改道，去有莘国。"

"主上去有莘为了何事啊？"彭子有些困惑。

"商国右相空虚，履苦寻不得，却不知先祖已为我指明了人选。我等改道有莘，自然是去寻我的恩公挚先生，请他助我。"

"这……怕是不妥吧。"彭子嗫嚅。

"有何不妥？"

"主上，恕臣直言，那挚先生与主上仅有一面之缘，虽说他的计谋帮助主上从夏台脱身，但据臣所知，他不过是有莘国后厨的膳夫，主上去拜会他，岂不是自降了身份？就是见，也应该是主上传召，让他去都邑给您行礼啊！"

"彭子休要胡说！"子天乙从车中一跃而下，怒道："你知道什么呢！要是现在有一味药摆在面前，吃下去可以使耳愈聪，目愈明，你一定会劝我把它吃下去。如今挚先生对我商来说，就好像是良医开的好药，而你却不让我去见他，你这是不想让我成为一个贤明的君主啊！"

"主上息怒！"彭子连忙跪下，说道，"臣以为，以他这等低微的身份，竟能出入夏宫，畅通无阻，说不好与夏王有说不清的关系，万一主上中了他的计……"

"好了，你休要再说。你现在速回商邑，通报左相仲虺(huǐ)，为伊挚先生准备好祓爝(fú jué，古代为除灾求福而举行的仪式)之事。我这就去有莘请先生去了。"说罢子天乙令彭子快马回商邑，自己带着浩荡的车队朝有莘国疾驰而去。

2

"恭喜主上，此卦为泰。"伊挚拱手道。

"如何解释呢？"有莘国君看着眼前的卦爻(yáo)，不解地向伊挚发问。

伊挚屈身向前，为有莘国君解卦："乾在下，坤在上，组合成泰卦。乾为天，坤为地。天气向下，地气上升。这个卦象说的是阴阳平衡，化成万物。君子若能顺势而为，则将小往大来，也就是说，有莘国艰难的日子即将结束，而且近日会有喜事发生。"

"如此甚好!如此甚好啊!"有莘国君紧蹙的双眉稍微舒缓。虽说夏朝开国君主夏禹的母亲就是有莘族之女,但姒履癸丝毫不顾念祖先血缘,对有莘国照样横征暴敛,以此满足他修建酒池肉林、封赏美人的私欲。有莘国君深知姒履癸暴虐的背后,是夏王朝强大的军队与城池,是天生神力赋予他的自大狂妄。但一味的退让和隐忍,顶多获得短暂的平安,眼看着国库空空,百姓生计艰难,但凡有血性的君主都不能再任由这种局面发展下去了。可是,有施国的遭遇血淋淋地摆在眼前,现在东方各国谁都不敢轻举妄动。

"这个昏君!昏君啊!"有莘国君越想越气,怒喝一声,忽然双眼一黑,昏厥过去。

"主上,主上……"伊挚的声音由远而近,有莘国君缓缓睁开眼睛。

"主上,您醒了,来,把这碗八减汤服下。"伊挚将手中的药交给侍医彭桑,侍奉有莘国君服下。

"多亏了挚儿啊!若不是你,我这把老骨头,恐怕早就见祖先去了。我刚才这又是犯了什么病?"有莘国君挥了挥手,让彭桑退下。

"暴厥之症。"伊挚边说,边为有莘国君更换了熨贴在两肋下的药,扶他重新躺好,"您方才太过生气,搅动了体内的真气,气血运行不畅,以至于血液迅速向上奔涌,所以您就昏厥过去了。不过您不用担心,我已经用针刺了您的三阳五会,疏通了经络,所以您很快就醒过来了。方才您喝了汤药,我又用入药五分的膏药给您敷贴两肋,不出两日,您的病就会痊愈。只是日后还是要当心,爆发于体表的急症,往往都会损伤五脏六腑,所以还是不能情绪过于激动才是。"

"我知道了。夏王如此暴虐,我却无能为力,真是痛心疾首,唉!"有莘国君叹气,"要是挚儿你的父亲当年没有战死沙场,现在一定已经与我结为同盟,那妣履癸也不敢如此猖狂了!"

"主上不要着急,夏王气数将尽,东方各国都在等待一位明君,他的出现,定可扭转乾坤。"

伊挚看向窗外,正是春光始发,万物复苏之时,百姓们应该准备去公田劳作了,王宫的贵妇们也要去采撷芸菜准备庙祭了。可是此时，初春却让人感受不到一丝温暖。那一道道绵延的开裂宫墙投映着的斑驳树影，那一群群愁苦的黎民，那些忧心忡忡的小吏们，都在等待着一声惊雷，一场暴雨。

"从我出生到现在，这光景是一年不如一年了吧。"伊挚皱了皱眉头，"那个人什么时候来呢？那个人应该就快来了。"

3

这已经是伊挚在有莘避难的第二十个年头了。他的父亲、母亲、国人，都在那场灾难中丧生，只有他，在力牧先祖的庇佑下逃过死劫。洪水退去后，有莘的婢女在水边的桑树中发现了他，将他带回了有莘国。最初婢女将他收养在后厨，不曾有人发觉。待他长到五六岁之时，有莘国的侍医彭桑到后厨调制药羹，伊挚在一旁观看，忽然说："错了。"

"错了？什么错了？哪里错了？"

"先生的药，抓错了。"

彭桑有点惊讶，一个黄口小儿，竟然说出这样的话来，只当他是胡闹，本想不予理睬。

"陟厘生水中，性温，可以强胃气，止痢疾；荕（bié）藤生在水滨，性寒，可以泄心火，退中热。先生您是想用哪一味药呢？"

彭桑听闻此言，仔细查看手中药物，不禁出了一身冷汗："啊呀！"有莘国君近来脾胃虚弱，腹泻不止，彭桑本是要用温补的方法，调胃止痢，谁知手下的小徒粗心大意，竟然将荕藤认作陟厘，这要是熬制成药给君主服下，后果不堪设想。

"不知眼前竟是高人，失敬失敬！请受彭桑一拜！"彭桑向伊挚行了一礼。

"先生言重了。我自幼胡乱读得一些《本草》，所以对于药物还是认得的。见先生手中，大都是些补益的药，只有那荕藤显得突兀，想来也是弟子们的疏漏，而先生没有仔细检查罢了。"

此时彭桑对这位孩童刮目相看，没想到在这庖厨之地，竟有如此聪颖的儿童，区区五六岁，已深得药性药理，待到来日，一定大有作为。

"在下彭桑，有莘国御医，不知高人如何称呼？"

"先生抬爱，我从小无父无母，厨母将我抚养在此，因为我的贴身衣物中绣着'挚'字，所以唤我挚儿。待我自己识得一些字了，厨母又从当年旧物中拿出《神农本草经》让我读着解闷，我在上面发现了这个族徽，也不知道是什么意思，先生如不嫌弃，可否帮我一认？"

"《神农本草经》，你是说《神农本草经》？可是我医家始祖神农先帝为涤除百姓疾苦，亲自尝遍百草所作的药书？"彭桑激动万分，这书他只听自己的父亲，有莘先君的御医和桑提到过，在他很小的时候，就知道此书万分珍贵，在世上已接近失传，只保存在一个部族中。那个部族已在五年前被夏王灭国，怎么这个孩子竟然能有这样的宝物？

"快取来与我一看。"

伊挚将古书从他的肘后衣袖中拿出，递给彭桑。

"啊！这果然是伊族所传之物啊！上面刻着

的，可不就是伊族的族徽，那是一把弓，是伊族先祖力牧的象征。"彭桑热泪盈眶，不想这传说中的古书，竟然出现在眼前，这是多少医家朝思夜想之物啊！继而一想，他立刻明白了，扑通一声，跪在伊挚面前："太子，请受小医一拜！"

彭桑想起，当年他只有十二三岁，陪伴在父亲和桑身边，进宫调药，精进医术，曾经见过伊族君主找有莘国君议事。父亲告诉他，要是想变成世间最好的医生，将来一定要去伊国，因为那里有世间独有的《神农本草经》，伊国君主会将它传给太子……

"先生多礼了，快快请起。"伊挚微微一笑，把彭桑扶将起来。

"原来你早已知道自己的身世？"

"没错。我不到两岁识字，我的贴身衣物之中，有母亲留下的信物与书简，我早就将这有莘国上上下下的铭文、简册都摸了一遍，自然知道我的身世。"

"那你为何要留在这庖厨之地，不早日去向主上表明身份呢？"

"先生以为，病在肌肤表面的时候，病人是否有救？"

"有救。"

"病在皮肤、肌肉之中，病人是否有救？"

"有救。"

"如果病深入到脏腑之中，病人是否有救？"

"比较难，但还是有救的。"

"那如果病入膏肓了呢？"

"良医也没有好办法。哪怕神农再世，怕也无济于事。"

"现在这天下的病症，就像人的病一样。残暴的君主就如同顽症一般，要想连根铲除，就需要假以时日。我在这里，静心研读方书、兵法。等溃烂的全部溃烂，新生的方能新生。这岂不比早早暴露身份要强吗？现在，就请先生向主上说明此事吧。"

彭桑不敢怠慢，连忙将此事报给有莘国君。有莘国君对伊挚很是同情，将他留在了自己身边。

此后，伊挚获得了自由出入秘府阅读书籍的特权。不久，他还有了一个新的身份，就是给有莘国的公主少辛作伴读。

4

"挚先生，近日我听到一个西边的消息，也不知可信不可信。"少辛边说，边搅动着手中的药羹。

"说来听听。"

"这歌谣顺着伊水一直唱过来：东边一个太阳，西边一个太阳。一个烂烂将起，一个沉沉将亡。时日曷丧，时日曷丧，癸乙相争，灭夏必商。"

伊挚微微一笑。

"挚先生，我听人说起过商君天乙，都传他是一个仁爱重民之人，经常亲自带领百姓耕作。原本他们的祖先契，居于东方，说来与咱们也有渊源。"

"不错。商自契至今，曾七次迁都，你知道是为何吗？"

"我猜，是为了寻找一方乐土。"

"没错。商国迁都从东到北，从北到南，又

从南再迁到东。现在的都邑商邑，就在有莘的西南方。"

"那，他们的君主真的如此厉害，竟然能把夏王翦灭吗？果真如此的话，那万民将会感谢他的恩德！"

"公主可想见一见天乙？见到了，你自然就知道了。"

"我倒是真想见一下这位天乙君。"少辛的眼中，闪动着迷人的光彩。

"报——"小吏至学宫传命，"挚先生，国君请您到前殿一叙，说是商国君主天乙到此，想和先生一见。"

"公主你看，天乙来了。"伊挚整理好衣冠，随小吏向前殿走去。

子天乙见一名小吏引领一位先生款步而来，料想那一定是伊挚，赶紧迎上前去，作揖道："恩公，请受小子履一拜！"

"天乙君何必行此大礼，快快请起。"

这还是子天乙第一次看清伊挚的面貌。当初在夏台，伊挚黑袍加身，以帽遮面，用计助他脱身，因为时间紧迫，子天乙连拜谢的机会都没有。如今恩公就在眼前，子天乙不禁多看了几眼，只见他身材不高，额头饱满，皮肤黝黑，面容光洁，目光坚毅。

二人互相行了礼，又一起见过有莘国君。这位胡须花白的老人热情地说道："早就听说天乙君的大名，今日见到，果然是少年英才。天乙君来我有莘，是有莘的幸运。"

"莘君谬赞。我先祖世代居东方，与有莘是故交，小子履刚继承先君事业，一直不敢冒昧造访，实乃失敬，还请恕罪。"

"天乙君不要自责。现今天下的局势，你我心知肚明，不需多言。"

"多谢莘君体谅。"

"听说天乙君去年被夏王关在了夏台，吃了不少苦吧？"

"正是。夏台一劫，多亏了挚先生出手相救，不然小子履现在尚在深牢之中。这次前来，就是想要向恩公当面道谢。"

"还有这样的事，挚，怎么没听你说起啊？"

伊挚缓步上前，将事情的前因后果陈述一番，然后道："姒履癸暴虐，主上又身体不适，当时挚不知计谋能否成功，谨慎起见，没有告诉任何人。一怕说了主上动气伤身，毕竟商与有莘世代交好，二来怕这宫内人多口杂，要是传到夏王耳中，会对有莘不利，还是谁都不要知道为好。现在天乙君已平安归来，主上近日身体也较前些时候大好了，可谓皆大欢喜。"

"你这张嘴啊！我说不过你。好了，既然今天有贵客来，那咱们就略备薄酒，好好款待，休要失礼。"有莘国君见子天乙欲言又止，问道："怎么，天乙君还有什么事情吗？但说无妨。"

子天乙行了一礼，说道："莘君明鉴。我商自先祖开疆辟土，传到小子履，已有二百年。小子履谨守先人教诲，不敢有一时懈怠。只是国中右相的职位一直空缺，履求索多年不得，上次夏台一见，履已认定，挚先生就是我苦苦寻找的贤人，所以特意到此，想求莘君将先生赐予我商。"

"这……"有莘国君万万没有想到，子天乙会提出这种请求。他沉吟片刻，向伊挚问道："挚，你在我这里长大成人，我从来没有将你当作奴仆看待，我也盼望着有朝一日你能够替父母雪恨，重振伊族，因此你是自由之身，是去是留，你自己定夺。"

伊挚跪下，叩首道："承蒙主上厚爱，挚愿常伴在主上左右，调理羹汤。"

"好孩子，好！"有莘国君笑逐颜开，对子天乙道："天乙君，你看，这件事恐怕是不成了。来来，宫人们应该已经备好馐膳，我们今晚就畅饮一番，如何啊？"

子天乙的脸上波澜不惊，内心却翻江倒海："挚先生怎么会拒绝我呢？当时在夏台，他不是曾经暗示，待到我坚定了灭夏的决心，就来有莘找他吗？不行，我一定要单独与他会面才行。"

想到这里，子天乙行礼答谢，欣然落座。

5

深夜，伊挚在庖厨中炮制汤羹，忽然感觉背后一阵凉风拂过，门开帘动。

伊挚头也没回，微微笑着说："天乙君，你来了。"

"先生怎么知道是我？"子天乙惊讶地说，继而叹道："先生果真是先生！"

"天乙君也不愧为天乙君。"伊挚转身温酒，并拿出早已备好的干果。

"先生这是在熬制什么，味道如此浓厚？"

"四海八荒。"

"四海八荒？世上还有这等汤羹？"

"看来天乙君对饮食也有兴趣？来，挚就给天乙君讲讲。"

"愿闻其详。"

"水中鳞介的肉比较腥，食肉动物的肉很臊，食草动物的肉却又很膻。这世间确实有以臭为美的，但毕竟是极少数。大多数人，面对腥臊的生肉，都难以下咽。但只要经过五味三材的调和，由生到熟，就能变成人人称赞的美味。"

伊挚一边搅动着汤羹，一边继续说着：

"这五味三材，五味乃是咸、苦、酸、辛、甘，三材是指水、木、火。在这五味三材当中，天乙君

伊挚搅动着汤羹，问道："这五味三材，哪种最重要？"

以为,哪种最重要?"

子天乙想了想,说:"水是元始,火提供了纲纪,木用来生火,三材相生,不分伯仲。至于五味,那是调味的事,它们各有各的作用,又怎能分清轻重呢?"

伊挚说道:"天乙君说得很好。三材、五味,讲求的是调和。水火交融,九沸九变。食材感受到不同的水温,腥膻之气就会随之改变。添柴去薪,时疾时徐,火候的大小,影响着炮制的口感。酸苦辛咸,调味的先后和多少,都有讲究。在这个鼎中,瞬息之中,变化万千。这种精妙的道理,不是三言两语能说得明白。治理天下的道理,也正是如此。天下之势,不是恃强凌弱,而是调和万邦,刚柔并济,阴阳共施,才能成就大道啊。"

伊挚盛了一碗汤羹,递给子天乙:"天乙君尝一尝,告诉我,滋味如何。"

子天乙接过汤羹,先小啜一口,然后一饮而尽。

"熟而不烂,甘而不厚,真是人间美味啊!"

伊挚一笑,又盛了一碗,递给子天乙。

"当初挚在夏台与天乙君初见，即知道天乙君的不凡。天乙君带领商人，建城立业，任用贤相，已经初具王者风范。但商是小国，还不足以尽收天下极致的美味。"

"先生所言，甚合我意，前几日小子履从夏返商，一路见城池荒芜，民生凋敝，实在心痛，后来在车上反复琢磨先生的话，忽然顿悟，之前小子一直在带领族人躲避战乱，寻找能够定居的家园，殊不知，天下失道，早已无处安身。想到此，小子便感到时光的匆促，想要成就一番功业。希望先生能助我一臂之力，为子孙后代开辟一个太平盛世。先生，你可愿意啊？"

伊挚郑重地答道："愿意。"

"那，今日在殿中，为何先生却不直言？"

"天乙君可知尧舜的事？"

"请先生明示。"

"尧的儿子丹朱不孝，让天下不得安宁，诸侯都纷纷投奔到舜那里去了。尧是一代明君，他见到这种情形，便将天下禅让给了舜，并将自己的两个女儿嫁给了他。舜得到尧的支持，也成了一代圣王。天乙君从此事中，可悟到什么没有？"

子天乙恍然大悟："先生，我明白了。先生是想让商与有莘联姻，共成大业。"

此时的窗外，树枝在风的吹动下婆娑起舞，不一会，春雨悄然而至。这场雨过后，启明星就要从东方升起，漫长的黑夜马上就要结束了。

助商翦夏

1

"主上，商君天乙求见。"宫人一早来报。

"这么早来，挚，你知道他是为了什么事吗？"有莘国君问伊挚。

伊挚微笑着说："主上一问便知。"

说话间，子天乙已步入大殿。与伊挚彻夜交谈之后，他对天下局势有了更深切的理解，因此显得更自信、更从容了。

子天乙开宗明义："莘君，有莘与商素来交好，眼下夏王无道，百姓涂炭，小子履愿与有莘联姻，结为万世之好，联合东方诸国，共同谋划倒夏大业！"

"这……"有莘国君万没想到，昨天来求伊挚为相的人，今天竟然来提联姻，一时语塞。

子天乙道："这数百年来，夏面向东方部署重兵，九夷之师，锐不可当，警惕的正是东方各国的反抗。东方各国对夏王积怨极深，却没有一国敢挺身而出。目前有莘的势力在南方扎根，商的力量渗透北方，如果有莘和商联盟，便有了与夏一战的实力。现在的天下大势，唯有联合东方各国，对夏形成包围之势，才能撼动九夷之师。眼下，夏王横征暴敛，有莘苦不堪言，虽有心抗拒，却苦于实力相差悬殊。小子履因为凑不够夏王的岁贡，甚至被丢入大牢。两国联合，才能保住子民的性命。如果各自为战，只怕伊族的下场、有施国的下场，将是两国的归宿。"

有莘国君听罢，面色凝重。子天乙的话，字字都锥在他的心中。亡国灭族的忧虑，这数十年来就未曾断绝过，如今更像乌云一样盘踞在他的心头。

他问："挚，你有什么想法？"

伊挚回答说:"主上,天乙君所言,也是挚心中所想。此前有莘斡旋于南方诸国之间,企图达成同盟,抗衡夏王,可无人敢应。而现在,天乙君在东方诸国中的威望很高,若是再能得主上相助,天下大势会逐渐明朗。这些年来,挚往来夏和有莘之间,入夏秘府,阅读典册,为的是掌握夏学的核心,同时打探夏的兵力部署。夏对东方虎视眈眈,但它的布防并非无懈可击。挚相信,只要能联合东方各国,夏的大军可破。"

有莘国君点了点头。

伊挚又说:"最近妹喜的情报中说,姒履癸出师有岷,有岷为保全族人,效仿有施,献上了两个美女琬、琰。姒履癸动用百工,兴建瑶台,整天花天酒地。东方各国中,联盟有施,挚有把握。而此时有岷的战事,也正好将他们朝联盟推了一步。此时此刻,莘、商联姻,不仅是两族的大好事,更是拯救黎民的仁义之举。"

子天乙紧接着说道:"小子履率商族在南方商邑经营,并一直向有莘附近拓展疆土。商邑北、有莘南有个名为亳邑的地方,那里土地肥沃,适合耕作。去年商邑收成不足，小子履还因贡纳不够被囚于夏台，所以有了迁都的念头。若能与有莘联姻，小子履将迁都亳邑，靠近有莘，如遇战争，可联手御敌。小子履将立少辛为元妃，与莘君携手经营，成天下大事！"

"好！天乙君谋略过人，英雄少年，正应了那伊水上的歌谣！只是还有一事，我不能确定。"

"主上放心，少辛公主心中早已仰慕天乙君，就在前天，还向挚打听呢。"伊挚微笑道。

"哈哈哈，原来如此！这门婚事，我同意了！"有莘国君只觉得很久没有笑得这样舒朗过了。

"多谢莘君成全！"子天乙再拜，"小子履还有一事相求……"

"我知道，天乙君还是想跟我要挚，是吧？"

"莘君英明！"

"挚，此事我还是要亲自问你，你意下如何？"

伊挚跪倒在地，眼眶微红："主上待挚，如同己出，让挚在丧国失亲之后，能够长大成人。主上大恩，挚永世难忘。当下之时，倒夏乃是利天下的大事，挚愿陪少辛公主归商，助莘、商万世永好，促成各国联盟，灭夏国，安四海，定八方。"

"挚，快快起来。你心中所念，我又怎会不知。只是你这样归商，这实在太委屈你了。你说呢，天乙君？"

"小子履请挚先生归商，专门准备了右相之位，绝不会辱没了先生！"

"如此甚好！来人啊，将这喜讯赶紧告知少辛公主，并昭告国民。今晚设宴，宴飨百官，商定少辛公主出嫁之事！"

2

这年春天，商迁都亳邑。

冬天，子天乙迎娶了有莘国的公主少辛，立为元妃。

不久，子天乙要立伊挚为右相。议事大堂上，仲虺、仲伯、谊伯都表示反对。

"外族来的小子，为什么一下就成了右相！"仲伯说道。

谊伯跟着说道："他还一直给那昏君调理汤

羹。现在跑来做右相，怕不是昏君派来的细作！"

"仲伯、谊伯，不要对挚先生无礼。"左相仲虺说道，"只是这国家立相，乃是大事，挚先生年纪轻轻，不知有何能耐，万一德不配位，岂不是误国误民。"

伊挚微微一笑，向子天乙行礼道："主上，请让挚解答一下三位的疑虑。"

"先生但说无妨。"

伊挚转身，再向三人行礼："请问仲伯，我商国的左相仲虺，祖上居于何处？"

"这……"

"据我所知，左相仲虺，本来是薛人。外族也好，本族也罢，天乙君能够在东方诸国中建立起威信，正是因为他不论出身，不论宗族，唯才是举。"

"这……"仲伯一时无话可说。

"仲虺左相，您原本居于薛，已为人君，为何要归商称臣呢？"

"天乙君乃是百年难遇的明君，我有薛愿为臣子，尽忠效力！"

"对啊！凤凰寻找的是梧桐，良马寻找的是勇士，挚虽不才，为何不追随仁君，却要侍奉喜怒无常、祸国殃民的暴君呢？"

谊伯沉默不语。

伊挚继续说道："诸位既知挚曾出入夏宫，想必也对小子的身世有所了解。伊族本与那夏王有不共戴天之仇，挚蛰伏有莘，出入夏宫，为的不是苟延残喘，更不是贪图一时的利禄。挚与左相一样，与诸位一样，都是想追随圣主，甘洒热血。挚忍辱负重二十载，就是为了今天能施展抱负！"

伊挚面向群臣，继续说道："左相主内，右相对外。挚想问诸位，有哪位曾遍览三坟五典？有哪位精于历算？有哪位能识药理、祛百病？有哪位擅长韬略？有哪位有把握破九夷之师？又有哪位可与有施、有岷结盟？若有这等高人，请向前一步，担任右相之职。挚马上离开。"

群臣默然。

伊挚又道："古时的尧，能够让天下臣服，流芳百世，是因为他能够善用贤哲。尧帝时最重要的四位大臣，乃是羲仲、羲叔、和仲、和叔，他们就像是尧的左膀右臂一样，缺一不可，这就是左相、右相的来历。而当今天下，能够继承尧舜伟业的人，只有一位，诸君可知道这个人是谁？"

"商君天乙！"众人回答。

"正是如此！如今我商国上下一心，左相贤明，右相空虚，可是诸位却一再阻挠能担任右相大任之人，难道是认为天乙君成不了尧舜、救不了天下吗？"

话音刚落，群臣皆躬身向子天乙行礼道："恭贺主上！"

接着，仲虺、仲伯、谊伯向伊挚俯首道："给右相行礼！"

仲虺跪请道："请主上让臣来主持祓爝礼，仲虺日后，必与右相一左一右，辅佐主上成就大业！"

子天乙欣慰地道："如此甚好！仲虺，祓爝之礼要尽快准备。"

"臣领命！"仲虺答道。

行祓爝礼那天，子天乙带着百官在太庙设祭。巫咸在重屋（商人祭祀的场所）的四个角落中熏烧萑（huán）苇，臣正与史官列队在左侧，武官列

队在右侧，他们都举着火把。司爟用火烛点燃仲虺
手中的火把，仲虺再将百官手中的火把依次点燃。
刹那间，重屋之中的火烛辉煌眩目。仲虺持火把
高举在伊挚的头顶。巫咸取来牛血，涂在伊挚的
额头。

　　子天乙歌道：

　　　　自古在昔，先民有作。

　　　　（在遥远的古代，我们的先祖就传唱着这
样的歌谣。）

　　　　天命玄鸟，降而生商。

　　　　（上天派下玄鸟，简狄吞服了玄鸟蛋，生
下了商的始祖契。）

　　　　我有嘉宾，庸鼓有斁（yì）。

　　　　（现在我们商族迎来了非常重要的人物，
我们要用盛大的礼乐来欢迎他。）

　　　　来假来飨，降福无疆。

　　　　（请祖先来享用祭品，赐福给我们的族人。）

　　群臣跟着唱道：

巫咸取来牛血，涂在伊挚的额头。

来假来飨，降福无疆。

歌声停歇，子天乙说道："先公先祖在上，小子天乙，今日在此封挚先生为我商的右相，官号阿衡，赏府邸桐宫。伊族将永世为我商效力，并享有与我商王族相同的祭祀！"

从此，伊挚也被尊称为伊尹、伊父。

伊尹立下誓言："挚受此重托，一定不敢懈怠，定会恪尽职守，辅佐商王！"

3

伊尹封相后的第二天，便与仲虺、谊伯、仲伯共商灭夏大业。

"诸位请看。"伊尹指着舆图，"夏以都城安邑为中心，东面的布防非常严密，夏的屯兵重地是斟𬩽（xún）。先不碰斟𬩽，斟𬩽附近的葛、韦、顾、昆吾，眼下是我商必须要拿下的方国。"

"为何不集中兵力，一举攻下斟𬩽？"仲伯问道。

"左相有何高见？"伊尹将问题抛给仲虺。

"恐怕实力相差悬殊。"仲虺答道。

伊尹说道："正是如此。且不说现在有施、有岷态度不明，即便东方各国结成联盟，恐怕也难以拿下斟鄩。要图斟鄩，需另想办法。先拿下它周围的几个方国，才是上策。"

子天乙颔首道："斟鄩附近，葛、韦、顾、昆吾几个方国中，葛在七年前向我商示好，我已派农人前往葛助耕。上月又派使臣送去了肉、黍。葛已经在掌握之中。韦、顾、昆吾，实力最强的是哪国？"

"昆吾。"伊尹答道。

"那我们就先拿下韦和顾，再图昆吾！"仲伯指了指舆图，说道，"昆吾离斟鄩最近，待韦、顾拿下，昆吾也不会太难。"

"如顺利拿下昆吾，我们要马上挺进斟鄩吗？"谊伯问道。

"拿下三四个方国，就一定能够确保东方诸国的兵力，大破夏在斟鄩的精锐之师吗？"仲虺提出他心中的疑虑。

伊尹摇头道："不，直接与斟鄩的精兵作战，没有胜算。"

"那该如何是好？"仲伯焦急起来。

"是啊，我们打来打去的，辛苦半天，还是打不下斟鄩，过不了斟鄩，就无法直插安邑，那还谈什么灭夏！"谊伯的声音高了起来。

伊尹说道："二位不要焦躁。在兵法中，如果两军实力悬殊，弱势一方想要取胜，需要的是……"

"出其不意！"仲虺的眼睛亮了起来，"右相可是已想到了破解之法？"

"诸位请看，这是哪里？"伊尹的手指在舆图上，沿着安邑南面的嵩山山脉滑动，向西，再向北，最后停在了安邑西面的嵩山山麓。

"还请右相赐教。"

"此处是古莘国。"

"古莘国？那可不就是元妃祖先居住的地方？这与攻打斟鄩有何关系？"此时，仲虺、谊伯和仲伯深深觉得，眼前这位年纪轻轻的右相，他的智慧早已不是他的年龄所能承载的。他的目光总是充满了坚毅，表情波澜不惊，可就是这样的平静之中，方觉深不可测。

"夏的西北有太行山脉，西南有嵩山环绕，提供了天然屏障，因此自古以来，从不担心西戎。它的东部平原居多，邦国之间的交战也就较为频繁。夏的军事战略一直以对东方的防御与统摄为主，因此才将安邑东南的斟鄩作为屯兵重镇。嵩山山脉南高西低，这高低交汇之处，从前是古莘国，今天为陑（ér）邑，看，就在此地。"

"陑邑？"子天乙意味深长地看了看伊尹，"我现在终于知道，尹父为何一心促成莘商联姻了。"

"主上英明！古莘国原本居于陑邑，此处山势平缓，河道宽广，适宜生活。从陑稍稍向东，便到鸣条，鸣条一过，便是夏都安邑。有莘虽然东迁，但并未将古莘国原本的城邑废弃，正好陑部受西戎滋扰，想寻求安逸之地，莘国国君便帮助他们在旧址修缮城池，也因此结成了盟友。挚方才说过，斟鄩是夏重兵所在，我军可从陑邑绕道，直插鸣条。"

"避其锋芒，出其不意。"子天乙的欣喜之色已经掩藏不住，"右相真是奇才！"

"什么避其锋芒，出其不意？什么意思？"仲伯一脸茫然。

"你啊！叫你平时多读兵书，你非说射术才是大事，看，你也就当个将军，可成不了右相吧。"

"唉，谊伯你休要拿我打趣！右相掌握全局，我听令作战，配合无间，如此甚好！"

子天乙、仲虺、谊伯都笑了起来，仲伯摸了摸头，也不好意思地笑了。在这样的气氛中，伊尹也受到感染，他的笑声令自己都感到惊讶，这好像还是成长岁月中，第一次胸无挂碍地放声大笑。

"报——"一名小吏来到殿前，"主上，葛伯反了！"

"葛伯因何而反？"子天乙惊问。

"我们的使者为在葛助耕的农人送去肉、黍，葛伯派人杀掉了助耕的人，夺取了肉、黍。"

"岁末将至，这葛伯怕是也没有凑够岁贡，所以才做出这种背信弃义的事。"

伊尹眉头微微一皱，说道："主上，这也恰是一个时机。诸公，能否听挚调遣？"

仲虺、谊伯、仲伯异口同声："请右相发令。"

伊尹说道："好。请左相留在亳邑，先停止对夏的岁贡，试探夏的反应。夏王必然会起九夷之师，征讨我商，若九夷之师响应，则时机还未成熟，左相马上准备岁贡，并修书称商君新婚燕尔，每日沉溺后宫，所以延误了岁贡，请夏王恕罪。谊伯、仲伯，你二人随主上伐葛，只准胜，不许败。我与夏王王后妹喜素来交好，有施国已经同意入盟，东方就只剩下有岷，我即刻启程，将有岷说服。我们兵分三路，各司其职，主上意下如何？"

子天乙道："就听右相的安排。谊伯、仲伯，葛犯不祀之罪，枉杀无辜，你二人速拿兵符，集结精兵，随我出征！"

"是！"谊伯、仲伯领命退下。

"左相，你这就去清点仓库，将岁贡所用之物提前备好，万一九夷之师起，则马上将岁贡送出。"

仲虺领命退下。

"右相，此番前去有岷，还请多多保重！"

"臣还有最后一事，要跟主上单独商量。"

子天乙挥挥手，众宫人都退了下去。他轻敲墙壁，一道暗门打开，便与伊尹一前一后，进入密室当中……

4

这年冬天，子天乙伐葛大获全胜，伊尹游说有岷也非常顺利。

仲虺按照伊尹的计划，没有给夏王进贡，姒履癸果然发动九夷之师，攻打亳邑。九夷之师仍然在夏的牢牢掌握之中，倒夏的时机显然尚未成熟。子天乙按照伊尹的计划，拿重礼献给姒履癸，平息了战争。

在伊尹的辅助下，子天乙率领商族人民开垦土地，修缮城池，储备军粮，训练士兵，暗暗地做着灭夏的准备。商的力量越来越强大，伊尹觉得，他期待的那天，就要来到了。

两年后，子天乙带着莘辛，由伊尹陪同，赴夏宫朝拜姒履癸。

此番再入夏宫，伊尹已经不再是十多年前那个略显青涩的少年，也不再是两年前那个忧心忡忡的夜行者了。夏宫的桑树又长大了些。回廊中仍旧是往来穿梭的静默的宫人。大殿内的辉煌和当年一样震撼，甚至更加华丽了，但这浮华总是让人不寒而栗。伊尹胸中涌动着一股不安。此番他会成功吗？时机成熟了吗？高高的柱子散发着光泽，梁柱上的仙兽似乎也在等待着答案。"这世上，哪有不转的北斗，不落的太阳！"伊尹握了握拳头，暗暗地想。

姒履癸显然根本没有把商国放在眼里。

两年前，子天乙被他关在夏台，没多久就给他进献了许多稀世珍宝，尤其是商族国兽大象的象牙，光亮洁白，正适合做成杯盏。他把子天乙从夏台提出，没想到一进这大殿，子天乙就吓得抖成一团。姒履癸哈哈大笑，心想这个样子怎么可能威胁我大夏，连忙叫人把子天乙拖至殿外，让他滚蛋。

眼下，他与新得的两个美女琬、琰正在饮酒作乐，只想早早将这些使臣打发出去。三言两语，便让宫人赶紧领着子天乙君臣到行馆休息，等待晚上的大典。

子天乙等人迈出大殿，身后还回荡着暴君放荡的笑声。

"大王，一会还要大宴群臣呢，您少喝两尊。"琬、琰嗔笑着。

"嗨，那些人算什么，我再喝五坛，应对他们也是易如反掌！来来，再陪我喝一尊！"

黑夜降临。夏宫内燃起灯盏，乐工演奏着《九歌》。各国君主排列在大殿上，等待着夏王。

"夫君，我可能是旅途劳顿，总觉得有些头疼，今晚的宴会，我就不去了吧。"莘辛揉了揉额角。

"好，那你就在这行馆好生休息。我敷衍一下，就回来陪你。右相，你可与我同去？"

"主上，今晚我要会个老朋友，就不与你赴宴了。"

子天乙笑道："好，我一人去。"

伊尹目送子天乙离开行馆，转身回屋。一个时辰后，他敲开了莘辛的房门。

"先生，您不是要去会老朋友吗？"

"无妨，我可晚些再去。你感觉如何？"

"有些胸闷头疼，目力疲倦，却又无法入眠。"

"想必是着了风寒。来，我给你熬了一碗汤羹，可以驱寒暖身，安神助眠。快趁热服下。"

莘辛接过热羹，缓缓送入口中。待汤羹喝完，她只觉脏腑之间升起一股暖意，头似乎没那么疼了，困倦阵阵袭来，忍不住打了个呵欠。

"累了吧，来，我扶你至床榻。"

"先生，这，恐怕不便吧。"

"我在孩童时就认识你，一直陪着你读书习字，又何须拘礼？"伊尹扶莘辛躺下，不多时，莘辛的呼吸变得深长，已然熟睡……

"挚！你在干什么！"子天乙忽然破门而入，大声呵斥。

"主上……您，您怎么提前回来了。"

"亏得我提前回来，不然还不知道你要犯下何等大错！"

"主上，这……这……请主上赐罪！"

"赐罪？我待你如同长辈，尊你为尹父，你竟然如此对我。今日我不赐罪于你，我要杀你！"

伊尹慌张地站起身，向门外逃去。子天乙开弓射箭，嗖的一声，箭矢射进了伊尹的胸膛。伊尹仆

子天乙开弓射箭，一箭射中了伊尹。

倒在地。此时已有不少宫人听到响声，围了过来，一时间人声嘈杂，但他们见子天乙怒气冲冲，谁也不敢轻举妄动。子天乙走到门外，看着倒地的伊尹说："我与你君臣一场，今日情断于此！"接着转身回到屋内，重重关上房门。

此时莘辛已被屋外的响动吵醒，她一骨碌坐了起来，揉了揉眼睛问："夫君，屋外发生了什么事？"子天乙扶她起身，说："没事，刚才有一只柴狗跑进来，我怕它吵到你睡觉，就射了一箭。这夏宫太过压抑，我非常不喜欢，咱们不等到明天了，即刻起身回国可好？"

"嗯。"莘辛点点头，"我也不喜欢这里。"

"那好，收拾下东西，我们马上便走。"

"啊，可是右相呢？他回来了吗？他方才说那个朋友要很晚才能见到，咱们要是走了，他怎么回国呢？"

子天乙哼了一声，道："右相这次见老朋友，恐怕要很久了。夫人莫要管他，一切听我安排吧。"

5

"这商君下手真够狠辣。"妹喜为伊尹敷上疮药，缠上了布。

"可不是，差点一箭穿心！真是好射术！"

"亏先生还笑得出来，这命差点就没了。"

"要的就是这差点。让你埋的东西，可都埋好了？"

"嗯，接到先生密信，就已速速办妥。"

"好。最近夏王的胃口如何？"

"我见他日日放纵，酒喝得倒是一点不少，又常常说饿，宫人们给拿了山珍海味，他却只觉得恶心。此时我便按先生嘱咐，拿出新鲜鱼脍，他倒是吃得痛快。不过这几日，我看他连这鱼脍，也有点无法下咽了。"

"好，好。明日我就去见他。"

"先生伤成这样，好歹歇几天。"

"歇不得，歇不得。挚拖延一天，这天下黎元就受苦一天。"

第二天，伊尹入夏宫，朝见夏王。

"这不是商的右相挚嘛！"伊尹入商为相，这两年的岁末便没有入夏宫操持岁贡，炮制美味，妫履癸本胸中早有一腔怒气。昨晚子天乙箭射伊尹，妫履癸早就得到了消息，他上下打量着伊尹，见他身上缠着麻布，面色苍白。

"力气挺大，一箭中胸。就是这准头不行啊，竟然还让你活下来了。我……"一股怒火冲上来，妫履癸只觉得喉咙里卡了什么东西，胃里翻江倒海般地难受。他一个趔趄，扶住身边的宫人，面色惨白，大颗大颗的汗珠滚落下来。

"王最近可是感觉喉咙哽塞，想要进食却又无法下咽？"

妫履癸大口喘着气，说："正是！"

伊尹跪下，说道："小子挚知错了！那子天乙如愿娶到了有莘的公主，就想把臣一脚踢开。小子挚想重回夏宫，请王让挚留在王身边，继续为您调理饮食。"

妫履癸此时已经头晕目眩，站立不稳，他从牙缝中把字一个一个地挤出来："赶紧把我治好，饶你不死。"说完就昏厥过去。

"王，王……"伊尹的声音好像从层层浓雾中飘来一样，姒履癸睁开双眼，只见伊尹、妹喜、琬、琰围在塌旁。他用力想坐起来，却一点也使不上劲儿。

"王莫急，我已用骨针刺入了王的三阳五会，暂时平复了体内真气。"

"此番又是何病，要吃几服药才能痊愈？"

"王不是得病，这是遇到了祟（suì）邪。"

"祟邪？我这宫里，哪里来的祟邪？"姒履癸不信，说话间又觉得肠如刀绞，腹痛难耐，哎呀哎呀地叫了起来。

"快，把驱祟汤拿来。"伊尹吩咐道。

宫人连忙将一只漆碗呈上，姒履癸服用后，忽然挺起身体，大口呕吐起来。

"啊，这是什么！"妹喜惊呼。

"王后莫怕。"伊尹用长竹针将地上蠕动的物体刺起，"王请看，这就是王腹中的蛊虫。现在王感觉如何？"

姒履癸缓了缓神，在地上走了几步，说道："感觉已经无碍了！还是你有两下子！看来这宫中确实有人作祟。这人要是被我揪出来，看我不把他千刀万剐！"姒履癸一拳重重打到柱上，只震得大殿内的烛火摇动，房梁上的灰尘洒落下来。

"王息怒，适才王昏厥之时，小子挚已为您卜卦，知道这作祟之物埋在何处了。王若身体无恙，可随小子一同前去，将这祟物挖出。"

"好！我便随你去看看。"

姒履癸随伊尹来到瑶台外的东墙下。

"正在此处。"伊尹命宫人掘地。这时将军关龙逢（páng）率禁军巡视，见众人汇聚在这里，上前询问。

伊尹将有人作祟的事说了一遍，关龙逢勃然大怒："这天下哪里来的什么鬼祟！我看是有人存心设计，要欺骗大王！"

"你个武夫，懂得什么，休要胡说！"琬、琰二妃道。

"找到了！找到了！"宫人找到了深埋土中的物什，把它们呈给夏王。

原来是一条黄蛇，一只黄兔。

"正是黄蛇、黄兔作祟。黄色为土，土克水，水为黑，黑是大夏正色，作祟之人精通五行之术。王，赶紧召集百官，到世室（夏人祭祀的地方）中行祛魅之法，才能彻底化解灾难。"

姒履癸此时已对伊尹无比信任，连忙命宫人将百官召至世室之内，熏香清洁，作法祝祷。

关龙逢仍不改初心，进谏说："王，与其祈求鬼神，不如勤于政务，远离祸水。如果王执意不听臣的劝谏，恐怕上天惩罚，王的大限将至了。"

姒履癸大怒："你又在这里妖言惑众！我是这天下的王，就好像天上一直高悬的太阳一样，你见到太阳毁灭了吗？想要我亡，除非太阳先坠！"

琬、琰二妃说道："关龙逢，你好不自量力。我们大王是上帝选中的天子，你这么诅咒他，居心何在？"

关龙逢大喝道："妖女，这瑶台，这酒池，只为博你二人一笑！今日我就为天下的黎元，除掉你们这两个祸害！"

姒履癸一把掀翻几案，拔刀冲到关龙逢面前，喝道："想干什么！你这是要当着祖宗的面造反吗?!"

关龙逢面如死灰,放声痛哭。他大声唱道:

> 江水沛兮!舟楫败兮!我王废兮!
>
> (滔滔的江水啊!船桨都已经坏掉了!
> 我们的夏王没救了!)
>
> 趣归于亳,亳亦大兮!
>
> (大家都去亳邑吧,只有商王才能够解救
> 天下啊!)

继而他又大声笑了起来,那笑声比哭声还要
凄厉,他继续唱道:

> 乐兮乐兮!四牡骄兮!六辔沃兮!
>
> (快乐啊快乐啊!马匹强健,车辆华丽!)
>
> 去不善兮从善,何不乐兮!
>
> (离开昏君投奔明主,是多么快乐的事
> 情啊!)

琬、琰二妃哭道:"大王,他这就是要反了!

您若不处置他，今日之事传出去，您还不被天下人耻笑！"

"时日曷丧，灭夏必商！"关龙逢仰天长啸。

"大胆！"姒履癸手起刀落，只见一股鲜血窜出，关龙逢的头颅骨碌碌落地。这位忠勇的将军，就这样死于非命。

伊尹的心猛烈地抽搐起来，关龙逢曾随夏王征战东方，立下赫赫战功，这样的忠良之士，今日竟落得这样的结局！

伊尹握紧了拳头，牙齿咬得咯咯作响，他努力平复了心绪，开口说道："王息怒。您的身体刚刚平复，还是要多加小心。不过有一事，挚百思不得其解。"

"何事？"

伊尹冷眼扫了扫琬、琰二妃，说道："黄蛇、黄兔本非王畿出产，而是东方之物，怎么就来到了这里？蛇、兔性阴，随月相变化蜕皮、繁殖。用此二者的国家，必然是以月历为国律。东方诸国里，以黄为贵，且擅长观月相的，不正是有岷吗？"

听到这话，琬、琰二妃扑通一声跪下，道："大王莫要听他胡说！我姊妹二人虽来自有岷，但对大王的敬爱之情绝非虚假！大王，我们万万不会做伤害大王贵体之事的！"

姒履癸原本已被最近的事搅得心烦意乱，又在祖庙开了杀戒，见二女哭哭啼啼，便更加不耐烦。

伊尹又道："王可记得，出征有岷的大将军是谁？"

姒履癸一想，率师出征有岷的，可不就是方才头落血溅的关龙逢。

姒履癸暴怒起来："来人啊，将这两个妖女，关进夏台，我要好好地拷问她们！挚，你快去庖厨，再为我烧制些鲜羽羹来！"

伊尹在夏宫住了下来。

转眼又到了阳春三月，妹喜与伊尹在瑶台密会。

"先生可听说，琬、琰二女在夏台日日啼哭，不出一月，夏王就把她们放出来了。"

"夏王逆天而行，要是他能惩戒二妃，也不至于人人自危到这个地步。关龙逢一生忠义，结局竟然如此凄凉。琬、琰二女真是罪人啊！"

"她们也是可怜之人。"

"同为可怜之人，妹喜姑娘想的却是天下苍生。这些年来，如果不是有你在姒履癸身边斡旋，地下的冤魂将是现在的十倍、百倍。而这琬、琰二女，刚来两年不到，就已经让这瑶台之内白骨成堆，作孽啊！"

"那先生与有岷好不容易结成的同盟……"

"不必担心，很快他们将得到消息，求和献上的礼物差点出事，恐惧将笼罩有岷，而恐惧，会让他们做出正确的选择。"

"先生的事，办得差不多了吧？"

"姑娘的睿智更胜当年。岁末祭祀时，九夷之师的首领齐会夏宫，我已与他们接触，将这天下形势说得通透。"

"看来先生是要走了。"妹喜的眼睛湿润了，她深知这一切的来之不易。继而她又转悲为喜："天下苍生有救了！先生，还有什么我能做的，请告诉我。"

伊尹向妹喜行了一礼，道："大战将至。最后一役，会在安邑，到时还请姑娘在夏宫西南隅放火助攻。

"先生放心，我记下了。"

"战后你如何打算？挚可求商君送你回有施，或者你也可以随挚入商。"

妹喜说道："我十岁入夏宫，姒履癸为讨我欢心，极尽所能。他绝不是一位好君王，但他并不是一个无情的夫君。我与他毕竟夫妻一场，待到天下安定，如果先生与商王可放他一条生路，我愿意陪他到南蛮之地终老。"

"妹喜姑娘，难道不怕后世恶名加身？"

"跟着先生，我已经做了我能够做的。我一个女子，名声又算得了什么呢？"

伊尹轻叹了一声，道："好，请多加保重！"

6

仲春二月，伊尹在妹喜的帮助下潜出夏宫，启程返回亳邑。

这一年的春天来得早，此时的郊野，桃李已

经争艳，百花竞相开放，一派生机勃勃。伊尹快马加鞭，远远就看到了带领三军六师的仪仗恭候在城门之外的商王子天乙。

伊尹飞身下马，拱手下跪道："臣总算不负主上所托，前来复命！"

"伊父快快请起！"子天乙连忙将伊尹扶起。仲虺、伯仲、谊伯三人赶紧围了上来。

"快让我看看，你的伤如何了？"仲伯就势要上手检查。

"仲伯顽皮！"伊尹爽朗地笑着，"主上的箭法，你们还不知道吗？看着伤势严重，却避开了要害。那箭镞上已涂了我先祖传下的护体药，再加上妹喜姑娘的悉心照料，早就痊愈了！"

"右相受苦了！"子天乙眼圈微红。

伊尹说道："主上言重了，为君为民，这点伤值得！"

君臣回到亳邑，伊尹从怀中拿出一份舆图，上面标注了安邑与斟鄩的兵力布防。将此图和此前伊尹所画的舆图拼在一起，夏的兵力安排尽收眼底。

"韦、顾、昆吾……"伊尹将详细战略一一部署与仲伯、谊伯。

当晚，银河从南向北贯穿天空。南宫朱雀七宿井、鬼、柳、星、张、翼、轸自西向东，沿黄道排开。位于南方中天的是星宿和张宿。在它们的上面，是轩辕十六星。

"轩辕，这是帝王的形象，我商向西进军的时机到了。"过往与未来交织着展开，伊尹凝望星空，内心只觉无比宁静。

五月，商攻打韦国，大获全胜。七月，攻下顾国。十一月，商以破竹之势再取昆吾。十二月，为了试探九夷之师对夏的态度，伊尹命仲虺再次不向夏缴纳岁贡，姒履癸又召九夷之师讨商。这次，九夷之师却没有响应。

伊尹在昆吾营中接到仲虺传来的消息。他紧握双手，望向西方，只见暮霭沉沉，夏人崇拜的苍龙星已经沉入大地。伊尹马上写了一封信，派人快马加鞭送到有莘，信上只有四个字："时机已到。"

伊尹命仲伯、谊伯镇守昆吾，将斟郭的兵力

死死缠住。子天乙、伊尹带领三军六师向南绕过斟鄩，顺嵩山南麓向西再向北，到达陑邑，有莘国君已在此等候多时。商军在陑邑稍作休息，补充粮草，接着便从陑邑翻过嵩山，到达鸣条。

姒履癸集合安邑的大军，由大将夏耕率领，开向鸣条。双方在鸣条之野对峙。这是决定天下命运的决战。夏军的黑色旗帜漫山遍野，大将夏耕指挥若定，并不把商军放在眼里。商军则反复冲杀，死战不退。黑色旗帜的夏军和举着白色旗帜的商军混战在一起，双方都付出了巨大伤亡。危急关头，子天乙亲自率领勇士，绕到夏军的后方，和在正面攻击的伊尹前后夹击，终于打破了僵局。混乱的夏军四散奔逃，夏耕被商军将领砍掉了脑袋。

鸣条之战大获全胜。眼看夏都安邑近在咫尺，子天乙整顿行伍，与三军六师盟誓："夏王罪孽深重，天理难容。我们必须替天行道！"

将领和兵士都用武器击打着盾牌，呐喊声响彻云天。此时安邑的西南角燃起了熊熊大火，将天空烧得通红。子天乙道："这是祝融先祖显灵，助我灭夏！"

子天乙整顿行伍，与三军六师盟誓。

子天乙带领着自己的精锐部队，连同东方各国的盟军，攻打安邑。不到一个时辰，这座看起来固若金汤的城池，就被商的大军攻破了。

姒履癸带着妹喜和一队近侍慌慌张张从东南方向逃出安邑。子天乙派战车七十辆，死士六千，日夜兼程，一路将姒履癸追到斟鄩。斟鄩的军队在与东方各国的拉锯战中已经伤了元气，又遇到子天乙率领的精兵强将，腹背受敌，哪里还有反抗之力。两军相逢，夏军大败，人马自相践踏，伤亡惨重。姒履癸只得检点残兵，带着妹喜，驾船向南逃跑。子天乙率军追至三朡（zōng）便不再南下，姒履癸一直逃到了南巢。

姒履癸逃到南巢后不久就病死了。因为他生前有种种恶行，死后谥号为"桀"。妹喜随夏桀逃到南巢后，伊尹再也没有收到过她的消息。

7

大军离亳邑还有很远，就已经听到人声鼎沸。原来听说了商君灭夏的消息后，东方的三千诸侯都聚在亳邑郊外。这些诸侯中，大部分已对子天乙心悦诚服，此次前来是为商君庆贺。还有一些诸侯对未来的命运深感难以把握，希望能与商君磋商。

子天乙命仲虺领人将郊野的地面铲平，除去杂草。巫咸在这块大空地上设坛，并在上面放置了天子的宝座。

几天后，子天乙会盟天下诸侯。在众人的注视下，子天乙缓缓登上高坛。他从怀中取出夏朝的印玺，放在天子之座的左边。然后从坛上退下，面向祀坛参拜，接着转身面向诸侯，说道："这是天子之位，有道的君主可以登临！"

三千诸侯无人敢应。

伊尹大声道："并不是上天对我商偏袒，上天只护佑有德之主；并不是我商求天下万民归顺，而是万民都选择了仁德的君主。请主上即位！"

"请天乙君即位！请天乙君即位！"诸侯发出阵阵呐喊。在三千诸侯的呼声中，新君子天乙登临天子之位。伊尹率百官歌《大濩（hù）》，仲虺领诸侯祭天地。子天乙宣布改元，因为他除掉暴虐之君，仁义孔武，所以号为成汤。

这个夜晚，举国欢庆。伊尹在桐宫之中，手捧着母亲的遗物，潸然泪下。

教化太甲

1

成汤即位的第二年，一场大旱席卷了商朝的土地。

大旱的第三年，东方属国发生了战争。形势迫人，成汤连忙召左相仲虺、右相伊尹到宫中商议。

"左相可知动乱因何而起？"成汤眉头紧锁。

"回主上，据臣所知，旱灾较重的属国，百姓相互争夺口粮，有的竟渐渐成为暴动。饥民围攻官府，官府无力解决，只好求助邻国。可邻国大多坐视不管，因为不知旱情究竟何时结束。这样一来，有灾情的国家求助不成，索性发动战争，掠夺物资。"

"左相可有什么办法？"

仲虺沉吟片刻，说道："臣以为，此种局面如不加约束，矛盾最终会指向王畿，引发大乱，应速速派军队平息纷争才是。"

"左相此言极是，不知右相有何高见？"成汤问伊尹。

伊尹道："臣的想法和左相相同，但发兵之事，可再斟酌。天下初定，我王对东方属国的统辖时间尚短，这时发生灾荒，本就容易引发骚乱，那些对大商统治不服的力量，比如夏的残部，可能借机生事。如果派兵镇压，恐怕要被安上暴虐的罪名，如果各种势力趁机互相勾连，局面就不可收拾了。"

"那右相认为，要怎么办呢？"仲虺的声音流露出明显的焦灼。

伊尹望了望窗外。此时已入深秋，再过月余，就要筹备岁末大尝（庙祭），各个属国的首领将陆续入宫，献上岁赋。商朝开国不易，成汤将夏朝的陋习一一革除，宫中的吃穿用度，都十分节俭，宫苑楼阁也都朴拙无华，但这朴拙并没有让城池减色，反而增添了一分庄严。成汤听取伊尹的意见，重视农业，兴修水利，不仅加强王畿郊邑的生产，更在各个属国广辟良田。从大旱开始，伊尹就根据节气物候，派人耕种耐旱的作物。所以大旱到了第三年，王畿内外的百姓也没有遭受饥荒之苦。但是这一切，又哪里经得起战乱蹂躏……想到这里，伊尹下定了决心。

"眼下的办法，需请我王东巡。"伊尹一字一顿地说道。

"东巡?"成汤与仲虺都十分惊讶。

伊尹道："大商刚刚建国，人心不稳。眼下的情形，恐怕只有我王亲临，才能安抚百姓，统筹全局。"

子天乙沉吟片刻，说道："右相说得有理。我不亲临，不能了解人民的疾苦。我不亲临，不能知道诸侯的想法。我决定东巡，就请右相安排!"

第二天，伊尹向各属国发下政令，让他们本年岁末不需再准备朝贡，并把成汤即将东巡各国的决定告知天下。这样一来，东方属国有了惊惧之心,有所收敛,战乱稍稍平息。

　　东巡中,成汤重新规划各地的生产,对受灾严重的属国,王畿拨筹物资,针对灾情程度轻重不同的属国,则调动兵力,帮助各国之间调配储备,共渡难关。与此同时,伊尹重新修订了《四方献令》,颁布天下。这部政令中,商将以往繁缛沉重的岁赋悉数革除,只让各属国以当地当季出产的物资作为年末的岁贡。比如让正东方的符娄、仇州、伊虑、九夷、十蛮、越沤、及断发文身的部族,以鱼皮制的刀鞘、乌贼鱼酱、鲨鱼皮制的盾牌、利剑作为贡物;让正南方的瓯、邓国、桂国、损子、产里、百濮、九菌,以珍珠、玳瑁、象牙、犀牛角、翠鸟羽毛作为贡物;让正北方的空同、大夏、莎车、姑他、新犁、其龙、东胡等方国,以橐驼、白玉,野马、良弓作为贡物。这些都是四方土地的出产,容易到手,并不昂贵。这样一来,大大减轻了各地百姓的负担。

2

大旱第七年，洛水枯竭，王畿内出现了流言。最初是宫人之间的窃窃私语，慢慢地，连朝堂之上的百官也开始交头接耳。有人说因为莘辛专宠后宫，让商的子嗣无法繁荣。又有人说伊尹在桐宫的势力已如日中天，一边向君主鼓吹尧舜之道，一边谋划等成汤去世之后，将天下纳入自己囊中。凡此种种，惹上天震怒，所以降下灾难。

"父亲，您可担心？"伊尹的儿子伊陟一大早到桐宫给父亲请安，忧心忡忡。

"担心什么？"伊尹微微一笑。

"我听说太子太丁身边有一些奸佞之人，每日给他说一些早日参政、翦灭右相的言论。"

"太丁生性耿直，重情重义，识得大体。这次大灾，他连亲生儿子太甲的吃穿用度都削减了，太甲所吃所用，连下等宫人都不如。这样的人，又怎会听信那些谗言呢。"

"那父亲最近夜里为何总是难以安眠？"

伊尹轻轻叩了几下几案，唤伊陟跪坐到身边，问:"朝中的流言因何而生?"

"因为大旱。"

"要如何制止?"

"寻到源头,对造谣生事之人,用雷霆手段。"

"错了,错了。陟儿,你要知道,就是贵为君王,也堵不住天下的流言和议论。天灾人祸之中,人祸易解,天灾则难安。所以我们的祖先擅长观天象以察时变,希望能够从头顶浩瀚的星斗中,找到这万物的规律。熟悉了自然的节律,也就容易知道,这天空和大地是要刮起疾风,还是要落下骤雨。"

伊陟点了点头。伊尹继续说道:"最近我难以安眠,并非为流言所困,而是天天夜观天象,终于得到了一个吉兆。"

"莫非……"伊陟腾地站起身来,身体微微颤抖。

"没错,大旱就要结束了。"伊尹颔首微笑。

"快来看!天上出现了彩虹!"外面传来嘈杂的声音,宫人们聚集起来,纷纷指着天空惊呼。

伊尹与伊陟也走了出去。只见天空中出现了两道彩虹。一道在上，一道在下。上虹为副，外紫内红，颜色略暗，轻盈优美，如同鸾鸟在飞舞回旋。下虹为主，外红内紫，颜色鲜盛，斑斓明艳，如同蛟龙一样耀眼夺目。双虹横跨西方的天空，与东方刚刚升起的太阳遥遥相对。

"这样的奇观，应该叫祖父也一起来看！"说话的是一个四五岁的男孩，浓眉大眼，衣着粗朴，身后却跟着三四个小吏，显然身份不凡。

男孩在人群中看见伊尹，径直跑过来，拉着伊尹的衣襟道："尹父，你告诉我，为何一大早这天上竟出现了彩虹，而且还是两道？"

原来这个男孩正是成汤的嫡孙，太子太丁的儿子太甲。

"哦？你先说说，你都知道些什么？"伊尹俯下身来笑着说。

太甲说道："这双虹现世，乃分雌雄，暗色为雌，名蜺（ní），盛色为雄，名虹。如果虹在蜺上，那就是阴阳有序，但要是蜺在虹上，则表示阴盛阳衰，国内出现了失礼之事，那……"

"太甲，莫要乱说！"太甲身旁一个小吏打断了他。

"哈！太甲知道的还真不少！"伊尹一转脸，瞪了那小吏一眼，竟把那小吏吓得打了个寒战。

"我要去请祖父。"太甲迈腿要跑。

"等等，太甲，这虹霓非但不是凶兆，反而是吉兆，你可相信呀？"

"一大早的，并没有下雨，就出现了彩虹，还是两道，如何会是吉兆？"

太甲非常顽皮，伊尹看着眼前的顽童，笑笑："我要说对了，日后你需要依我一件事，这样可行？"

"好！这有何难！"太甲痛快地答应一声，带着小吏向王宫跑去。

"咱们也得赶紧去一趟了。"伊尹带着伊陟也朝王宫的方向快步走去。

虹蜺现世的第二天，成汤依照伊尹所示，命巫咸持三足鼎，向上天祷告。他高歌道：

欲不节邪？使民疾邪？苞苴行邪？谗夫昌邪？宫室荣邪？女谒行邪？何不雨之极也！

伊尹对太甲说："我要说对了，日后你要依我一件事。"

（是我没有节制自己的欲望吗？是我让子民受苦了吗？是国中政治腐败吗？是有小人作祟吗？是宫室修建得太多了吗？是有女宠进谗言吗？上天啊，为什么还不下雨呢？）

唯予小子履，敢用玄牡，告于皇天后土曰：万方有罪，罪在朕躬。朕躬有罪，无及万方。无以一人之不敏，使上帝鬼神伤民之命。

（苍天后土在上，小子履用牺牲以告：如果天下有不妥之处，罪过都在我一人身上。我一个人有罪，不要涉及天下百姓。不要因为我的罪过，让天下百姓跟着遭殃！）

成汤的歌声还没有停歇，天空忽然乌云滚滚，接着雷声大震，大雨倾盆而下。

这场大雨竟持续了十几日，江河变得浩浩汤汤，天下黎民无不欢呼雀跃。

3

许多年过去了。

伊尹逐渐走向了衰老。自初代商王汤至今，他已辅佐了四位君主，历时二十二载。

最近他时常梦到先王成汤。梦见他们最初夏台相会时成汤的一身白衣，梦见汤向有莘国君提出联姻时的目光，梦见汤大破夏桀时执钺奋战的气魄，梦见桐宫之中汤为天下子民留下的叹息。他还梦见汤在临死前，紧紧攥住他的双手，用尽全身最后一丝力气说道："尹父，这天下，就拜托你了。"

十年前，成汤归天。仅仅月余，太子太丁因为过于悲恸，伴随着先王一起侍奉祖先去了。太丁的嫡子太甲年幼，无法执政。伊尹将太丁的弟弟外丙拥立为帝，不想外丙当政三年就去世了。伊尹又赶紧扶立外丙的弟弟中壬，中壬继位四年后也去世了。这时国内已经有了动荡，经过努力，伊尹总算力挽狂澜，平息内乱，又将太丁之子、成汤的嫡长孙太甲立为新王。

太甲只有十七岁。即位当天，伊尹率领百官在祖庙祭祀商朝的列祖列宗，并对太甲训诫道："新王登临，一定要牢记先王的教诲。上天对行善之人会降福庇佑，对作恶之人会降灾惩戒。如果行不仁义之事，哪怕这件事再小，也会失去天下，愧对先祖！"

太甲天性顽劣，喜欢嬉戏游乐。王畿内汇集了四方之物，郊野有那么多的猎场，为什么要听这些大道理呢？不久，政务日渐荒废。伊尹屡次劝诫，太甲却毫不在意。

一次朝会之后，伊尹拦住太甲，想让他研习历术。太甲却忽然发了脾气："尹父，这天下不如就交给你吧！"

伊尹脸色铁青，沉吟片刻道："我王，还记得双虹出现那日答应老臣的事吗？"

太甲哼了一声："自然记得。"

"好！"伊尹攥住了太甲的手腕，太甲使劲挣扎，却挣脱不了。

"尹父，你这是做什么？"

"我王是答应了老臣，可以依老臣一件事的。从今天开始，就与老臣一起住在这桐宫吧。"

4

太甲在桐宫的三年, 上到百官, 下到百姓, 都以为伊尹要代商自立。连伊陟也问父亲: "父亲, 既然太甲无道, 为何您不自立为国君?"

"我不会取而代之。"

"可是他这样荒唐……"

"不, 太甲并非不可救药。还记得武王在世时, 大旱之后的那场雨吗?"

"自然记得, 父亲早就料到要有一场大雨。那天早晨, 西方出现虹蜺, 证实了父亲的判断。于是父亲进宫, 提醒武王准备祭祀。"

"你还记得, 当年要行祭祀大典, 太史建议以活人作为祭品, 是谁想出了替代的法子?"

伊陟想起来了。

当年太史完成了占卜, 准备祭祀。他郑重地报给成汤: "没有庄重的祭品, 打动不了上天。这次务必要以活人为祭, 上天才会降下甘霖。"

成汤大怒, 说道: "小子履求雨, 是为了天下黎元。现在竟然要以人为祭! 如果必须要牺牲性命才能完成祭祀，那就让履亲自来吧！"

"我王息怒。"伊尹说道。转头看到站在旁边的太甲。只见太甲的脸上，带着一些不忍的神情。伊尹心里一动，不禁问道："太甲，你可有什么法子？"

太甲沉吟片刻，道："有时，父亲要责罚我，会将我的衣袍脱下来，代我接受鞭笞，再命我将破烂的衣袍穿上。祖父不如也用这个法子，用别的东西代替了人吧。"

"真是妙计！"于是商汤将头发、指甲剪下，在桑林设坛祭祀，向上帝祝祷。

"太甲聪颖，本质也并不坏，并非不可救药。"伊尹喃喃地说道。像是说给自己的儿子，又像是说给自己。

5

一年之后，太甲的戾气已被磨掉大半。他身边的小吏被伊尹遣散，桐宫中的宫人们似乎也对他视而不见。太甲觉得无趣，便不时翻看桐宫中的藏书，渐渐地痴迷起历术。

秋季的夜晚，太甲来到庭院中打算观测星象，忽然发现伊尹也伫立在此。见到太甲，伊尹丝毫没有惊讶之色，倒像是早就在这里等他。

伊尹指向南方中天，问道："我王，可知此刻在正上方的是哪一组星宿？"

太甲细细地观看，回答道："这组星宿就如带柄的网罟（gǔ），应该是毕宿。"

"我王果然聪慧，已经能够辨认星宿了。"伊尹赞道。

太甲微微笑笑，脸上的神色温和而平静，他终于不再是当年的顽劣少年了。

伊尹又问道："我王，如果这天上的满月走近了毕宿，会有何事发生呢？"

太甲想了想，回答道："太甲不知，请尹父指教。"

伊尹说道："当月亮走到毕宿，就到了大雨滂沱的秋季了。"

太甲感叹道："原来如此！尹父真是精通星象历术！"

伊尹问太甲："我王，在正上方的是哪一组星宿？"

伊尹又问道："我王，当年天上出现双虹，为何说它是吉兆，我王可想明白了？"

太甲摇头。

伊尹说道："虹气傍晚见于东方，那么将要出现干旱；虹气早晨见于西方，雨水很快将自西向东而来。我王，精通天文、历算，才能帮助天下黎元。精通兵法、阵法，才能战无不胜。这又岂能是那些飞鹰、猎犬能教给我王的？我王，要勤勉，要用心哪！"

到这时候，太甲才明白伊尹的苦心，不由得潸然泪下。

从此之后，太甲每天白天随伊尹处理朝政，晚上阅读秘府藏书，方知这太平盛世的背后凝结了无数先人的血泪，方知这世上有比珍馐田猎更加诱人的学问。

"尹父，太甲定会恪守先王教诲，让天下百姓能安居乐业。"在桐宫住了三年，太甲终于成了一位有抱负、有勇气的君主。

伊尹流下了眼泪，心想，武王啊，老臣总算不负重托，老臣可以歇歇了。

伊尹把太甲送回到王位上。他将历算、兵法、医药、卜筮的书传给儿子伊陟，自己便弃官归隐，专心著《汤液经法》去了。

临行之前，伊尹在桐宫刻下了箴铭，警告君主要有好的德行。这篇文章一直流传到现在，记录着他对太甲的谆谆教诲。

伊 尹
生平简表

●◎约前1631

伊尹出生在伊水边一颗空心的桑树中，被有莘国浣衣的婢女
发现，带回有莘抚养。

●◎约前1609

伊尹促成有莘与商联姻，随有莘公主入商，被封为右相。

●◎约前1601

伊尹重返夏宫，为商灭夏做好准备。

● ◎ 约前1600

鸣条之战，伊尹辅佐子天乙击溃夏军，姒履癸逃到南巢。

● ◎ 约前1599

子天乙（成汤）执政第二年，天下大旱，伊尹的政治策略帮助商朝平安度过了灾难。

● ◎ 约前1588

子天乙去世，伊尹先后辅佐太丁、外丙、中壬、太甲。

● ◎ 约前1581

太甲昏庸，伊尹将他关在桐宫反省，代其执政。

● ◎ 约前1578

伊尹还政太甲。

伊尹去世，被安葬在亳都。